I0130022

John Coleman

LA MASONERÍA DE LA A A LA Z

OMNIA VERITAS.

John Coleman

John Coleman es un autor británico y antiguo miembro del Servicio Secreto de Inteligencia. Coleman ha realizado varios análisis del Club de Roma, la Fundación Giorgio Cini, el Forbes Global 2000, el Coloquio Interreligioso por la Paz, el Instituto Tavistock, la Nobleza Negra y otras organizaciones afines al tema del Nuevo Orden Mundial.

La masonería de la A a la Z

Freemasonry from A to Z

Traducido del inglés y publicado por Omnia Veritas Limited

Omnia Veritas Ltd - 2022

www.omnia-veritas.com

Todos los derechos reservados. Ninguna parte de esta publicación puede ser reproducida por ningún medio sin la autorización previa del editor. El Código de la Propiedad Intelectual prohíbe las copias o reproducciones para uso colectivo. Toda representación o reproducción total o parcial por cualquier medio sin el consentimiento del editor, del autor o de sus derechohabientes es ilegal y constituye una infracción sancionada por el Código de la Propiedad Intelectual.

L a masonería se describe a menudo como una "sociedad secreta", pero los propios masones creen que es más correcto decir que es una sociedad esotérica, ya que algunos aspectos son privados. La formulación más común es que la masonería del siglo XXI se ha convertido menos en una sociedad secreta y más en una "sociedad secreta". Los aspectos privados de la masonería moderna son los modos de reconocimiento entre los miembros y los elementos particulares del ritual. Por ejemplo, los masones pueden preguntar a los recién llegados que conocen "¿estás en la plaza? ".

En una sociedad abierta como la estadounidense, cabe preguntarse por qué es necesario el secreto. Describir la masonería es una tarea difícil. Decir que es la mayor organización fraternal del mundo, con más de tres millones de miembros en Estados Unidos, setecientos mil en Gran Bretaña y un millón más en todo el mundo, y que ha sido objeto de cincuenta mil libros y folletos, es sólo el principio.

Desde su creación oficial en 1717, la masonería ha generado más odio y enemistad que cualquier otra organización secular del mundo. Ha sido objeto de implacables ataques por parte de la Iglesia católica, se ha prohibido la afiliación de hombres en la Iglesia mormona, el Ejército de Salvación y la Iglesia metodista. Está prohibida en varios países.

Las acusaciones antimasónicas siempre se encuentran con dificultades porque la masonería se niega a responder a los ataques. Lo sorprendente es el enorme número de líderes mundiales, pasados y presentes, que fueron y son miembros de la masonería: el rey Jorge VI de Inglaterra, Federico el Grande de Prusia y el rey Haakon VII de Noruega. La historia de Estados Unidos está repleta de líderes que fueron masones, como George Washington, Andrew Jackson, James Polk, Theodore Roosevelt, Franklin D. Roosevelt, Harry Truman, Gerald Ford y Ronald Reagan.

La Segunda Guerra Mundial fue dirigida por líderes masónicos británicos como Winston Churchill y el presidente estadounidense Franklin D. Roosevelt, así como por líderes militares estadounidenses como los generales Omar Bradley, Mark Clark y George Marshall. Es casi imposible saber dónde empezar o terminar la historia de la influencia masónica en todos los aspectos de la vida durante los últimos 290 años. Este libro es un intento de reunir lo que hará relativamente fácil explicar "qué es la masonería".

JOHN COLEMAN

CAPÍTULO 1

¿QUÉ ES LA FRANCMASONERÍA?

El estudio de la masonería es inagotable, y se han escrito y presentado muchos libros y artículos eruditos sobre el tema; por lo tanto, no tengo la intención de aventurarme por las carreteras y caminos de la masonería y perderme en un laberinto de rituales y símbolos, ya que estos temas han sido en cualquier caso cubiertos en gran medida por aquellos que están a favor y en contra de la masonería.

El propósito de este trabajo es ofrecerle una visión más amplia de lo que es la masonería, lo que representa, sus fines y objetivos, y la medida en que ha progresado hacia sus objetivos declarados. Por esta razón, trataré primero de la masonería especulativa, aquella parte de la masonería que se ocupa de los asuntos espirituales de la vida y la muerte, del espíritu humano, y luego de los que la controlan con una breve explicación de la masonería operativa.

Para los detalles de los rituales y las ceremonias, he recurrido a obras de referencia masónicas como la *Real Enciclopedia Masónica*, o como a veces se le llama la *Cyclopedia*. Para un recuento de donde los mayores defensores de la masonería han expuesto sus ideas, notablemente Albert Pike y el Dr. Mackey, así como de libros y revistas escritas por enemigos acérrimos de la masonería; hombres como el abate Barruel, el profesor John Robinson, Eckert, Copin-Albancelli y Arthur Preuss, por nombrar sólo algunos de los hombres eruditos a los que los masones se refieren como "nuestros enemigos implacables". (Es curioso que los jesuitas utilicen exactamente la misma expresión).

Los orígenes de la masonería se han debatido durante más de 150 años. Según Pike:

> "... Los orígenes de la masonería sólo los conocen los masones.

Pike se deja llevar por las circunstancias. Su afirmación pretende engañar a los incautos y es bastante típica del engaño practicado por la masonería, algo así como caer en manos de un mago sin saber cómo logra sus ilusiones.

Sin embargo, el origen de la masonería es muy conocido; no es un secreto ni un misterio. Pero también es cierto que la mayoría de los masones, que nunca pasan del cuarto grado, no conocen el origen de la sociedad cuyos dictados siguen tan servilmente.

El Dr. Mackey, reconocido como masón y portavoz oficial de la masonería, lo admite sin problemas. Su principal defensor, J.F. Gould, confirma que hay mucho desacuerdo entre los propios masones en cuanto a su origen. Esto se puede ver en su libro *La Historia de la Masonería*. Las investigaciones contemporáneas demuestran que su origen está en el misticismo babilónico y egipcio, asociado a la magia negra.

Es un culto religioso, dedicado a la adoración de Lucifer. Es anticristiano y revolucionario, aunque su amo, Lucifer, es el símbolo de la rebelión contra Dios, una rebelión que lleva miles de años.

El mundo debe su conocimiento de la masonería al profesor John Robinson, uno de sus miembros más ilustres que desertó de sus filas, y por tanto un hombre al que los masones no pueden llamar mentiroso o ignorante. El profesor Robinson impartió clases en la Royal Society de Edimburgo (Escocia). Su tema era la Filosofía Humana. Robinson estaba profundamente involucrado en sociedades secretas, siendo la principal la secta bávara de los Illuminati de Adam Weishaupt.

Robinson era un masón de grado 33, lo que significa que había llegado a la cima de la orden de la masonería del rito escocés.

En 1796, Robinson publicó un artículo que describía los objetivos de los Illuminati, demostrando que los Illuminati estaban muy cerca de la masonería. De hecho, la masonería fue el vehículo utilizado para difundir las doctrinas revolucionarias de los Illuminati, comenzando en Francia.

Robinson ha demostrado sin lugar a dudas que el objetivo de los Illuminati y la masonería es destruir todas las religiones y gobiernos y eliminar el cristianismo de la faz de la tierra y sustituirlo por el culto luciferino.

El nuevo orden mundial prometido por la masonería es un orden mundial despótico y luciferino dentro de un gobierno de un solo mundo. Un conjunto completo de planes para la revolución que se avecinaba cayó en manos del gobierno bávaro, que estaba tan profundamente alarmado que envió copias a todos los gobiernos y jefes de estado de Europa, pero su mensaje de advertencia fue completamente ignorado.

Los documentos de Weishaupt daban todos los detalles de la próxima Revolución Francesa. Un devoto de la orden masónica, el conde de Shelburne, enseñó y entrenó a Danton y Marat (los líderes radicales de la Revolución Francesa) y dirigió cada fase de la Revolución "francesa" desde Inglaterra.

CAPÍTULO 2

LOS ORÍGENES DE LA MASONERÍA

El gnosticismo babilónico es la madre de la masonería, por lo que la letra "G" aparece en el centro de la estrella de cinco puntas de la masonería.

A pesar de los furiosos desmentidos de los defensores de la masonería, una autoridad no menos importante en la masonería, de su más alta Orden, Eliphas Levy dijo que la famosa "G" significa gnosticismo. En su libro, *Dogma y Ritual de la Alta Magia*, volumen II, página 97, Levy dice:

> La "G", que los masones colocan en el centro de la estrella flamígera, significa gnosticismo y generación, las palabras más sagradas de la antigua Cábala.

Según la *Enciclopedia de las Religiones*, la Cábala es un antiguo misticismo judío, y el Hermano Edersham es una autoridad en Cábala. Como dije antes, no quiero entrar en detalles, pero es necesario establecer muy brevemente qué es la Cábala.

Para ello, cito con autoridad al hermano Edersham:

> Es innegable que incluso en la época de Jesucristo había un conjunto de doctrinas y especulaciones que se ocultaban cuidadosamente a la multitud. Ni siquiera se

revelaron a los eruditos ordinarios (como en el caso de las doctrinas superiores y los masones ordinarios) para que no se dejaran arrastrar por ideas heréticas.

Este género se llamaba Kabbala; como el término implica (es decir, recibir y transmitir), representaba las transiciones espirituales transmitidas desde las primeras épocas, aunque mezcladas con elementos impuros o extraños en el curso del tiempo.

Esta es la misma Tradición de los Antiguos, que Jesucristo condenó totalmente en los términos más fuertes, como se registra en los cuatro Evangelios, el registro de sus palabras durante su ministerio terrenal.

De lo anterior se desprende que la masonería deriva de una religión totalmente opuesta al ministerio de Cristo. Por lo tanto, se deduce que, a pesar de sus vehementes negaciones, la masonería es anticristiana en su enseñanza y espíritu. Otros, implacablemente opuestos a la masonería, como ya se ha dicho, van más allá. Una autoridad en masonería, Copin-Albancelli, ha dicho:

> La masonería es la contra-iglesia, el contra-catolicismo, la iglesia de la herejía.

Cita varias fuentes masónicas notables para apoyar su afirmación, como Copin-Albancelli, *Bulletin du Grand Orient de France*, septiembre de 1885, que afirma:

> Nosotros, los masones, debemos perseguir la demolición total de las iglesias católicas.

He tenido el privilegio de poder buscar documentos masónicos en el Museo Británico de Londres para ver si esta declaración y otras que siguen, han sido retiradas o retractadas. Pero a lo largo de cinco años de intensa investigación, no he podido descubrir ninguna publicación masónica que contenga una retractación de sus intenciones destructivas hacia la Iglesia católica.

Otro ejemplo citado por Copin-Albancelli es el memorándum del Supremo Consejo del Gran Oriente (masonería europea), que afirma:

> La lucha entre el catolicismo y la masonería es una guerra a muerte sin tregua ni cuartel.

Esta declaración nunca se ha retractado.

Copin-Albancelli continúa dando otros ejemplos, citando como fuente el discurso pronunciado en un banquete de solsticio de verano en 1902 por el Hermano Delpek que dijo, entre otras cosas:

> Los triunfos de los galileos duraron veinte siglos. La Iglesia Católica Romana, fundada sobre el mito galileo (una referencia a Jesucristo), ha comenzado a decaer rápidamente desde la fundación de la Asociación Masónica... Desde el punto de vista político, los masones han variado a menudo. Pero la masonería siempre se ha mantenido firme en este principio: ¡guerra a todas las supersticiones, guerra a todos los fanatismos!

La información anterior, cuya autenticidad es incuestionable, convierte a los masones y a la masonería en anticristos y anticristianos, desechando sus enseñanzas de la manera más despectiva como mito y superstición galileanos. Su odio y veneno reprimidos se dirigen principalmente a la Iglesia católica, pero algunos dicen que los católicos no son cristianos. Créanme, si esto fuera cierto, la masonería no estaría gastando el 99% de su tiempo y energía tratando de destruir a la Iglesia Católica. ¿Por qué la masonería perdería tanto tiempo y energía valiosos? Seamos lógicos en estas cuestiones.

Lo anterior no debería dejar ninguna duda sobre la posición de la jerarquía masónica. También deja claro que la masonería está involucrada políticamente a pesar de sus frecuentes protestas en contra. Si resumimos las conclusiones que se desprenden de las afirmaciones anteriores, sólo podemos llegar a un juicio: La masonería es esencialmente una sociedad secreta falsa, engañosa y equívoca, a la que la mayoría de sus miembros se dejan llevar por una marea de banquetes, reuniones sociales, buenas obras, buena voluntad y compañerismo filantrópico. El carácter siniestro de la masonería está completamente oculto a la masa de sus miembros, es decir, a los que no pasan del grado azul o cuarto.

Según el erudito Dom Benoit, un alto estudioso de la masonería, que incluso los masones reconocen que tenía un gran conocimiento de sus oráculos especulativos secretos, la masonería es un culto al diablo. Describiendo las ceremonias de iniciación del grado 25, (Caballero de la Serpiente de Bronce) los iniciados juran trabajar por el retorno del hombre al Jardín del Edén. El Maestro menciona a la serpiente como amiga del hombre mientras que nuestro Dios -al que los masones se refieren como Adonai o Adonay- aparece como enemigo del hombre.

Benedicto dice que en el grado 20, la inferencia de la adoración luciferina es aún más positivamente declarada, pues el oficial que preside dice al iniciado:

En el santo nombre de Lucifer, expulsa el oscurantismo.

Oscurantismo es una de las pocas palabras clave que hacen que cualquier masón por encima del cuarto grado eche espuma por la boca cuando se menciona en su presencia por alguien que no es masón y que, por tanto, se supone que no conoce la palabra y su significado.

Como he dicho antes, muchos masones que se profesan cristianos "una vez que se conocen estos misterios, puede haber lugar a dudas, que la masonería es la adoración de Lucifer y la denigración de Cristo."

Benedicto tiene otra acusación más condenatoria contra la masonería, que declaró de la siguiente manera:

> Quién puede ser tan crédulo como para pensar que después de tantas afirmaciones serias y constantes, de que los masones respetan todas las religiones, la preocupación por la religión y el odio a la Iglesia católica sólo existen en ciertos grados masónicos, en los que se dice que Cristo es un ángel caído. He visto los emblemas de una de las Grandes Logias, que es un cáliz con la imagen de la hostia atravesada por un puñal, otro, el mundo con la cruz al revés, y otro, el Corazón de Jesús con el lema "Cor Ex Secranrum".

En un discurso del Palladium Luciferian Rites for the Reformed Elect de Albert Pike, Benedict afirma que los iniciados son instruidos para "castigar al traidor Jesucristo, para matar a Adonai apuñalando la hostia después de asegurarse de que es una hostia consagrada, mientras recitan horribles blasfemias."

Pike nació en 1809 y murió en 1891. Su libro, *Moral y*

Dogma, confirma su adoración a Satanás y su creencia en un Nuevo Orden Mundial. Desdeñaba cualquier sistema político que no fuera un gobierno republicano limitado con principios democráticos. Según Pike, el poder político, la riqueza, la salud y la larga vida debían obtenerse mediante el culto a Lucifer.

El libro es muy pro-homosexualidad, con la portada mostrando un águila de dos cabezas. Está claro que el tema central del libro es destruir la moral y la familia. El libro condena la moral bíblica y la familia como piedra angular de la civilización.

Ahora bien, sé que hay quienes, incluso altos masones, dirán "...hemos sido masones toda la vida y nunca hemos presenciado una ceremonia así". ¡Claro que no! Este es el procedimiento habitual en la masonería; sólo los elegidos son iniciados en estos ritos. Si no has pasado el grado 25, ¡no estás al tanto de estos viles rituales anticristos! Y permítame advertirle que cualquier intento de que la jerarquía masónica confirme la afirmación de Benedicto significará que sus días como masón están contados. A partir de entonces serás un hombre marcado, no se puede confiar en ti.

Para citar al Hermano Stroether, otra autoridad reconocida, que nunca fue desafiada por la masonería, simplemente porque era uno de los suyos, de sus consejos internos, un hombre que utilizó palabras que han vuelto a perseguir a los masones:

> La masonería existe en Francia, España, Portugal y Sudamérica como una organización antirreligiosa, que en los últimos años se ha transformado en una especie de secta antitética, que no oculta su odio a las religiones

reveladas.

El Hermano Stroether era un miembro de los elegidos, un masón de alto grado de Louisville, Kentucky, en los Estados Unidos. Pedí a varios altos masones que comentaran las palabras de Stroether. Sin excepción, o bien profesaron su desconocimiento de la identidad del Hermano Stroether, o bien negaron que hubiera dicho nada de eso. Un francmasón particularmente indignado, un coronel de la policía estatal de Carolina del Norte, me dijo: "Este tipo de comentarios son el producto de una mente antimasónica enferma.

Pero cuando le confronté con las palabras de sus propios masones, me advirtió que haría bien en dejar la masonería. Las palabras que le molestaron fueron las pronunciadas por el tristemente célebre Paul Lafargue (1842-1911) en el Congreso Internacional de Gran Oriente Masón de 1866 en Bruselas, Bélgica:

¡Guerra a Dios! ¡Odio a Dios! En el progreso hay que aplastar el Cielo, como si fuera un trozo de papel.

En la misma conferencia, un prominente francmasón llamado Lanesman repitió las palabras utilizadas en 1880, a saber

Debemos aplastar lo vil, pero este vil no es el clericalismo, este vil es Dios.

CAPÍTULO 3

LOS ENEMIGOS HISTÓRICOS DE LA MASONERÍA

He buscado con diligencia los documentos de los que se extrajeron estos extractos para confirmar su exactitud. Además, con igual cuidado, he buscado en los registros masónicos del Museo Británico de Londres, en busca de una retractación o desautorización de estas blasfemias por parte de masones de alto rango; pero mi búsqueda no ha aportado ninguna prueba de que estas palabras no sean el credo de la masonería en general, ni de que hayan sido eliminadas.

Un líder masónico muy respetado que confirmó todo lo dicho hasta ahora, incluida la naturaleza anticristo de la masonería, fue su sumo sacerdote, Albert Pike, cofundador de los Nuevos Ritos Reformados del Paladio y Sumo Pontífice de la masonería americana. Albert Pike y Edgar Allen Poe tenían mucho en común. Ambos nacieron en Boston en 1809. Ambos eran escritores y poetas y ambos eran adictos al opio, así como 33 masones de grado y luciferinos.

En la *Enciclopedia Católica* leemos que Albert Pike y otro importante masón de alto rango, Adriano Lemmi, conspiraron juntos para dañar la religión cristiana en Italia. Pike escribió a Lemmi lo siguiente:

Las influencias clericales en Italia deben ser arruinadas en poco tiempo, las leyes contra las congregaciones religiosas deben ser observadas allí. ¿Y (qué pasa) con las escuelas? La instrucción católica se sigue impartiendo allí. Haz que el pueblo proteste a través de las logias.

En otras palabras, utilizar las logias masónicas para crear "protestas" contra las escuelas católicas.

El profesor John Robinson pasó muchos años investigando cuidadosamente la exposición de la masonería presentada por el abate Barruel.

Robinson afirma:

Barruel confirma todo lo que he dicho sobre los Illuminati, a los que llama acertadamente filohistas, y los abusos de la masonería en Francia.

Demuestra, sin lugar a dudas, que Voltaire, d'Alembert y Diderot, ayudados por Federico II, rey de Prusia, formaron una conspiración formal y sistemática contra la religión y la persiguieron celosamente, y veo que sus principios y su forma de proceder eran los mismos que los de los ateos y anarquistas alemanes .... Pero su proyecto favorito era destruir el cristianismo y toda religión, y efectuar un cambio total de gobierno.

Robinson hablaba del papel indudablemente vital que desempeñó la masonería en la Revolución Francesa, tal como lo reveló el abate Barruel de la manera más precisa e indiscutible. Si esto no es suficiente para los escépticos, que se dirijan a las "contraseñas" más importantes de la masonería. Uno de ellos se basa en Caín, a quien Cristo condenó como asesino de profetas en Mateo 23. La contraseña, Tubal Cain, es una referencia muy explícita a Caín. La otra "palabra secreta" es INRI, "Igne Natura Renovatur Integra" - "Toda la naturaleza se renueva por el fuego", que se utiliza para describir a Jesús de Nazaret. Se supone que el iniciado debe "descubrir" lo que esto significa, lo que da una idea del infantilismo de los rituales en los que se involucran los masones.

Entonces el Maestro de la Logia declara:

> Mis queridos hermanos, se ha descubierto, y todos los presentes aplauden el descubrimiento, que Aquel cuya muerte consumó la religión cristiana no fue más que un vulgar judío crucificado por sus crímenes. Es sobre el Evangelio y sobre el Hijo del Hombre que el Candidato debe vengar la hermandad de los Pontífices de Jehová.

Esta cita está tomada de la obra del abate Barruel que trata del grado 18 de la Rosacruz. Los rosacruces eran masones y fundaron la masonería inglesa. Es justo decir, sin embargo, que la gran mayoría de los masones ingleses nunca han ido más allá del Cuarto Grado, y niegan enérgicamente que lo anterior exista. De hecho, muchos masones ingleses han declarado que son cristianos devotos y que nunca participarían en la blasfemia de Cristo o de su iglesia. La masonería, para la mayoría de sus miembros, no es más que una repetición del Primer y Cuarto Grado. No es de extrañar que muchos abandonen en esta fase y no intenten ir más allá. Según el Dr. Mackey, muy pro-masón, una autoridad en masonería:

> ... Estas son las explicaciones y el Alto Grado es el comentario.

Hay quienes dicen que si la masonería es tan mala, entonces

¿cómo es que tantos anglicanos e incluso algunos Papas fueron masones? Estoy de acuerdo en que miles de líderes de la Iglesia Anglicana pueden ser masones, pero estos hombres no son cristianos; son agentes encubiertos de Lucifer, durmientes en el lugar de la Iglesia cuya función es destruirla. ¿Podemos decir que "algunos Papas fueron masones", cuando es imposible demostrarlo, aunque hay una fuerte sospecha de que al menos tres Papas pudieron ser masones? La sospecha no es una prueba. Un falso rumor, iniciado entre los masones de Alemania, de que el Papa Pío XI era masón, se trasladó rápidamente a Filadelfia. Eckert, una de las principales autoridades antimasónicas, nos dice que esto se hizo para evitar una investigación de seguimiento de la reclamación, que habría sido más fácil de promover en Europa que en los Estados Unidos. Sin embargo, la afirmación fue cuidadosamente investigada por John Gilmary Shea, el hombre que escribió extensamente sobre la vida del Papa Pío XI.

La investigación de Shea demostró que Pío XI nunca fue miembro de la Logia Filadelfia. De hecho, ¡nunca existió una logia de este tipo en Filadelfia! Preuss, otro famoso investigador de las verdades masónicas, confirma que el complot no es más que un intento de desprestigiar al Papa Pío XI y a la Iglesia Católica en general.

En respuesta a la pregunta frecuente: "¿Qué es la masonería? "No puedo hacer nada mejor que citar al gran erudito e historiador masónico Abbé Barruel... Es un maligno de la clase más vil, una opinión confirmada por el Sumo Pontífice Albert Pike, quien dijo:

> Los Grados Azules no son más que la puerta exterior del portal del Templo. Algunos de los símbolos recibidos son los mismos, pero el adepto es engañado

intencionadamente con falsas interpretaciones.

No se pretende que los entienda, sino que se imagine que los entiende. Su verdadera interpretación está reservada a los Iniciados, los Príncipes de la Masonería.

Estas palabras aparecen en los documentos sobre Pike conservados en el santuario del Museo Británico, si es que no han sido eliminados entretanto, como ocurre con tantos documentos cuando acaban convirtiéndose en fuente de referencia para los investigadores de la masonería. Debe haber algo "malignamente malo" en una sociedad que se propone engañar deliberadamente a sus propios miembros. Copin-Albancelli, el historiador masónico ya citado, afirma que la masonería es una fuerza dirigida por ocultistas y utilizada como ariete contra la religión cristiana.

CAPÍTULO 4

LA ENCÍCLICA MIRARI VOS DEL PAPA GRÉGOIRE XVI

En esta encíclica, el Papa Gregorio decretó que la masonería era:

> ... Todo lo que ha sido más sacrílego, más blasfemo y más vergonzoso en las herejías y en las sectas más criminales se ha reunido en la sociedad secreta masónica como en una cloaca universal.

No es de extrañar que me confunda cuando se dice que "los católicos no son cristianos". Muéstrame dónde dice que un líder protestante se haya pronunciado tan fuertemente contra la masonería como la Iglesia católica. A día de hoy no he encontrado ninguno.

Esto puede ayudar a explicar el hecho de que Vladimir Lenin fuera masón. Preuss dice del Hermano Lenin que pertenecía a una logia secreta en Suiza, bajo su verdadero nombre, Ulianov Zederbaum, desde la cual se esforzó por derrocar a la Rusia cristiana, un esfuerzo, debo añadir, en el que tuvo éxito, gracias a la ayuda masiva de los masones de la Mesa Redonda, Lord Palmerston, Lord Milner y una multitud de masones ingleses del grado 33 . Y sin embargo, el gobierno suizo llamó a este archidemonio "intelectual". Esto tiene sentido si se tiene en cuenta que durante siglos el hogar de la masonería ha sido siempre Suiza. La "hermandad" demostró en el caso de Lenin que los masones se mantienen unidos, especialmente en las empresas cuyo objetivo es la destrucción de la religión cristiana, como en el caso de la Rusia ortodoxa.

El hecho de que los masones ingleses ganaran miles de millones de dólares con el saqueo de Rusia fue, por supuesto, una ventaja añadida. La verdadera satisfacción fue el derrocamiento del régimen zarista y la masacre a gran escala de cristianos (certificada en 60 millones), que se convirtió en un modelo a seguir en la Guerra Civil española (julio de 1936-junio de 1939). Me refiero a junio de 1939, porque ese fue el mes en que Franco marchó triunfante por las calles de Madrid, habiendo aplastado por Dios y por la patria a las fuerzas luciferinas de la masonería comunista en su país.

Una autoridad de renombre que aún no he mencionado es Margiotta, que fue iniciado en los Ritos del Paladio y se convirtió en "Príncipe de la Masonería". Margiotta afirma que Pike exigió que el dios de la masonería se llamara Lucifer, muy en contra de los deseos de su hermano masón, Adriano Lemmi, que quería que el dios masónico se llamara Satán.

Albert Mackey afirma que la Masonería está aquí para establecer una Nueva Religión Universal. La publicación *Una Causa* afirma que los masones deben ignorar todas las leyes y la autoridad en cada país, exactamente en línea con la naturaleza revolucionaria rebelde de Lucifer, que se rebeló contra las leyes y la autoridad de Dios. Por lo tanto, se puede decir que, por su propia confesión, la masonería es una fuerza revolucionaria, que existe con el propósito de derrocar el orden existente en la Tierra, al igual que su maestro Lucifer trató de derrocar el orden existente del Universo. La masonería es una orden paramilitar, como lo confirman plenamente sus rangos y símbolos, que son de naturaleza militar.

Tanto Eckert como Benoit insisten en que la verdadera autoridad de la masonería, el Mando Supremo, es de naturaleza totalmente oculta, lo que explica por qué el Mando Supremo oculto se esconde tras una masa de símbolos y ceremonias, que no deben ser descubiertos hasta que se alcanza el grado más alto de la Orden. Se hace todo lo posible para mantener la identidad (incluso el cambio de nombre) de estos líderes secretos ocultos a los miembros ordinarios, de una manera similar a la utilizada por los bolcheviques en Rusia. (¿Es aquí donde los bolcheviques obtuvieron su cambio de nombre?)

El grado 19 de la masonería del rito escocés establece:

> Haz la guerra a la Cruz de Jesucristo. Adopta el culto a Lucifer del fuego y la carne.

Estas viles palabras son parte de la evidencia ofrecida en la Masonería de Benedicto, la más notable exposición de la Masonería disponible para aquellos que buscan conocer el verdadero propósito de la Masonería.

Tres palabras hacen que los 33 masones de entren en cólera:

> Catolicismo, oscurantismo y clericalismo.

La segunda palabra es sólo una palabra masónica, que les gusta utilizar para describir las enseñanzas de Cristo.

Evidentemente, debe tener un doble significado para

inspirar la rabia que provoca cuando es utilizada por los no masones, ya que se supone que los no masones ignoran tales palabras y los masones odian ser expuestos. La masonería es una falsa hermandad, ya que excluye deliberadamente a los pobres y a los que no tienen ninguna posibilidad de alcanzar el poder político y engaña deliberadamente a sus miembros de orden inferior.

CAPÍTULO 5

ECKERT HACE UNA PREGUNTA PERTINENTE

Eckert hace esta pertinente pregunta:

> ¿Por qué la Orden excluye a los pobres, que no tienen valor político ni económico? Es un hecho bien conocido, no negado por la propia masonería, que ésta busca inscribir sólo a aquellos que han logrado una carrera comercial o política exitosa. El hecho es que el dinero es la fuerza motivadora a la hora de acoger a los nuevos en la hermandad.

Esta flagrante hipocresía debería servir de advertencia a todos aquellos que han sido invitados a asistir a uno de los templos masónicos de su zona para una reunión social. Esta es la forma habitual de reclutar a quienes la Orden considera que pueden beneficiarse económicamente de ella. El masón pregunta "¿Estás en la plaza?", que significa "¿Eres masón? ". El interrogador sabe perfectamente, por un apretón de manos secreto, que la persona a la que se ha acercado no es un masón, ¡sino alguien que cree que es un probable candidato a miembro de su logia!

Tratar los grados y rituales requeriría un libro propio, ya que hay cientos de ritos, muchos de los cuales rozan lo infantil.

Hay muchos y buenos libros dedicados exclusivamente a estos rituales, cuya lectura es tediosa. Según la Biblia Masónica, la *Enciclopedia de la Masonería* y una obra más reciente titulada *El significado de la Masonería*, de W.L. Wilmhurst, los principales ritos son los siguientes:

❖ El Rito Escocés Antiguo y Aceptado
❖ El rito herodiano
❖ El Antiguo Rito Reformado Escocés
❖ El Gran Rito de Oriente (del que forma parte el Rito Francés)
❖ El rito filosófico escocés (muy utilizado en Suiza)
❖ El rito eléctrico (muy utilizado en Alemania)
❖ El rito de Mizraim (antiguo rito egipcio)
❖ El Rito Joanita

Es interesante observar que la sede de la Masonería Universal está en Ginebra, Suiza, bajo el título de Asociación Masónica Internacional. Suiza, como demuestra la historia, siempre ha sido un refugio para los revolucionarios.

Una segunda "sucursal" se encuentra en Lausana y es especialmente secreta. Ascona es el hogar del satanismo gnóstico, la masonería y el comunismo. Recuerde que los masones son revolucionarios, se les ha enseñado a ser rebeldes contra todos los gobiernos existentes, y los masones suizos no son una excepción a este mandato masónico.

Benoit dice de los rituales masónicos:

> ... Son largas, tediosas y excesivamente infantiles.

Para que sus tonterías infantiles no sean descubiertas por

"extraños", antes de que comience una reunión de la Logia, ésta se "cubre", término utilizado por los masones para asegurarse de que no haya extraños o intrusos que observen e informen sobre los procedimientos.

Eckert y Copin describen estas acciones de diversas maneras y utilizan el término "increíble bufonada" para describirlas. El propósito de todas estas payasadas, dice Copin, que implican contraseñas secretas desconocidas para los forasteros, e Hiram, (Hiram Abiff, rey de Tiro) supuestamente el constructor del Templo de Salomón, que fue asesinado, es engañar a la autoridad secular para que crea que la masonería es una sociedad benévola dedicada a los banquetes, a recaudar dinero para los pobres y, en general, a hacer el bien a la comunidad. Copin dice que en el ritual de la Cámara Media, en la que nunca entra un Maestro, los miembros deben caminar y contramarchar "como colegiales".

Eckert continúa:

> ... Vemos el ritual como una representación teatral demasiado seria para ser una broma, demasiado rebuscada para ser seria.

Sin embargo, es grave. El objetivo es eliminar a los miembros que demuestran rápidamente que no tienen ganas de progresar más allá de este punto, los que siguen el ritual servilmente. Hiram, por supuesto, es la pieza central. Para ellos, la escalera que tienen que subir no les lleva a una mayor locura, sino a una posición más elevada y digna de confianza en la masonería. Es interesante observar algunos de los títulos a los que tal vez aspiren algún día los aficionados:

- ❖ 5 grados: El maestro perfecto
- ❖ 11 Grado: Los Sublimes Elegidos de los Doce del Príncipe Ameth
- ❖ 16 Grado: El Príncipe de Jerusalén
- ❖ 19 Grado: El Gran Pontífice
- ❖ 28 Grado: El Caballero del Sol o Príncipe Adepto
- ❖ 31 Grado: El Gran Inspector Comandante Inquisidor
- ❖ 32 Grado: El Sublime Príncipe del Real Secreto
- ❖ 33 Grado: El Sumo Pontífice de la Masonería Universal

Me interesa especialmente el rito herodiano. ¿Por qué querría alguien adorar a un asesino como el rey Herodes, que mató a miles de recién nacidos cuando los magos le llevaron la alarmante noticia del nacimiento de Cristo? La única razón que se me ocurre es que Herodes intentó asesinar al Niño Jesús y que los masones son una orden anticristo.

Pero es a los Príncipes de la Masonería, aquellos que han alcanzado el grado 33, a quienes se les revela la verdadera cara de la Masonería. Adriano Lemmi, tal príncipe, lo reveló en su arrebato de odio contra la familia y la iglesia en su carta a Margiotta:

> Sí, sí, el estandarte del Rey del Infierno está en marcha... y debe luchar hoy, más enérgica y abiertamente que nunca, contra todos los dispositivos de la reacción clerical.

Los que ejecutan servilmente los juegos infantiles de la masonería y siguen al pie de la letra todas las órdenes ceremoniales sin faltar a nada, son conocidos como "masones brillantes", lo que está dos escalones por encima de los llamados "masones de cuchillo y tenedor", que sólo viven para las numerosas fiestas y banquetes que disfrutan los masones, mientras que los que no están cualificados para un grado superior son llamados "masones oxidados". Benedicto dice que estos últimos también son conocidos como "masones loros", porque conocen las lecciones, pero no su significado. No hay absolutamente ninguna igualdad en las logias, lo que desmiente las protestas de los masones de que todos son iguales, y que "libertad, igualdad y fraternidad" es la piedra angular sobre la que se construye la masonería.

Pike escribe que la adoración de Lucifer es conocida sólo por aquellos que han alcanzado el último grado. Lord Christopher Soames, el traidor de Zimbabue, es una de esas personas, al igual que Lord Carrington, el antiguo Secretario General de la OTAN. (Hay muchos en el Congreso de los Estados Unidos que comparten las opiniones de Lord Soames y Lord Carrington. Uno de los que rápidamente me viene a la mente es el senador Trent Lott, un masón de grado 33). Copin, Benoit y Eckert nos recuerdan que la contraseña INRI, que ya he explicado antes, es una palabra anticristo. Me pregunto cómo el senador Lott y otros como él que profesan el cristianismo pueden conciliar esto con su conciencia.

¿Qué es el culto luciferino? Tenemos que tener claro este punto para entender los Ritos del Paladio de Pike, y lo que los Príncipes de la Masonería realmente siguen, mientras profesan ser cristianos, como en el caso de muchos miembros de la jerarquía de la Iglesia Anglicana, las aristocracias de Europa, ¡por no mencionar el Establecimiento Liberal de la Costa Este de los Estados Unidos y muchos miembros del Congreso! Como explica Albert Pike, el culto luciferino es un credo que enseña que Lucifer era el más brillante de los tres ángeles colocados a la derecha de Dios, un súper ser con inteligencia y habilidades superiores. Su poder era tan grande que fue capaz de desafiar a Dios y apoderarse del universo.

Siguió una poderosa batalla con San Miguel, el ángel guerrero de Dios (al que los masones consideran hermano de Lucifer), que derrotó a Lucifer y lo expulsó de la presencia de Dios.

Jesucristo se refiere a ella en los Evangelios. Lucifer fue desterrado al infierno, que se describe como un lugar real en el universo. Lucifer se llevó consigo a muchos de los principales ángeles de la jerarquía celestial, que estaban dispuestos a desertar con él. Según el credo luciferino, Dios les dio a estos ángeles otra oportunidad de arrepentirse, ya que consideró que habían sido engañados por el engañoso amo, Lucifer.

Fue con este propósito que Dios creó nuestro planeta y que los ángeles que fueron engañados y no se rebelaron abiertamente recibieron cuerpos a imagen de Dios y se les permitió habitar la Tierra. Estos seres estaban llenos del aliento, el espíritu y la luz de Dios, y estaban santificados por Dios. No eran diferentes de la gente común, excepto que no tenían conocimiento de su vida anterior en el Cielo. Pero recibieron inspiraciones de su palabra para apoyarlos en su plan y conservaron el libre albedrío. Sus mentes se utilizaron para decidir de dónde venían las inspiraciones y traducirlas en actos corporales, que siempre son positivos o negativos, sin término medio. Estos actos están registrados en un libro conocido como el Libro de la Vida mencionado en el Apocalipsis.

A través de sus acciones en el reino físico, estos seres de

origen celestial deciden su propio futuro, es decir, pueden aceptar el plan de Lucifer o el plan de Dios para gobernar el universo. Se podría decir que esto es casi como lo que enseña la Biblia cristiana, pero no del todo.

De repente, Satanás aparece, traído por Lucifer, como el Príncipe del Mundo (Nótese que el uso de la palabra "Príncipe" también es utilizado por los masones) en el momento de la creación del mundo. La tarea de Satanás era conseguir que los primeros padres se alejaran de Dios y se unieran a Lucifer, estropeando así su plan.

Dios, dice Pike, caminó en el Jardín del Edén con su primer hijo, pero no lo instruyó en los placeres del sexo, porque es un Dios celoso y egoísta. Como enseña la Orden Inferior de los Ritos del Paladio, Dios lo hizo porque este placer le pertenecía y no debía ser compartido hasta que los hijos hubieran demostrado su obediencia, integridad y absoluta honestidad. Sólo entonces se les daría como recompensa.

Entonces, dice Pike, Satanás tomó el asunto en sus manos y, a instancias de Lucifer, introdujo a Eva en los placeres del sexo, que Dios había reservado para la procreación y que simplemente había aplazado a los primeros padres hasta que estuvieran preparados. Satanás le dijo a Eva que sería igual en poder, como Adán, a Dios, y que nunca tendría que pasar por la muerte. Satanás introdujo a Eva en lo que nos gusta llamar "conocimiento carnal", un término que es completamente engañoso.

Así se introdujo el ideal luciferino del amor libre y el sexo libre, en oposición al plan divino del sexo dentro de los límites del matrimonio de un hombre y una mujer con el propósito de engendrar hijos, basado en el deseo espiritual de establecer el Reino de Dios en la Tierra.

La explicación de Pike sobre la Misa Negra muestra cómo Eva se corrompió, y en lugar de ser el sexo un acto personal y privado de amor físico y espiritual, se convirtió en una exhibición pública de sexo abierta a todos, que es la esencia de la brujería actual. Es justo decir que, dadas las condiciones que prevalecen hoy en la tierra en el ámbito sexual, Satanás está ganando la batalla, aunque sea temporalmente, hasta que sea derrotado contundentemente por Jesucristo. De ahí el odio incesante a Cristo que profesan los masones.

CAPÍTULO 6

EL USO DE LA BIBLIA CRISTIANA EN LOS TEMPLOS MASÓNICOS

Preuss y la *Enciclopedia Católica* confirman el uso de la Biblia y la Cruz en los templos masónicos. Muchos masones de orden inferior han cuestionado la afirmación hecha de vez en cuando de que la masonería es un culto luciferino. Dicen: "Puesto que exhibimos la Biblia y la Cruz, ¿cómo puede ser esto? ". Esto es parte del plan de engaño de la masonería. La Biblia sólo está ahí para ser ridiculizada en el orden superior, y lo mismo ocurre con la Cruz, que es realmente pisoteada, mientras se profieren las más viles profanidades contra ella.

Eckert confirma que la Cruz y la Biblia se exponen para rebajarlas al nivel de otros "libros" religiosos de poca importancia. En el grado 30 del Rito Escocés, el iniciado debe pisotear la Cruz, mientras el Caballero Kadosh le dice: "¡Pisotea esta imagen de la superstición! ¡Aplástalo! "Si el iniciado no lo hace, se le aplaude, pero no se le transmiten los secretos del grado 30 . Si pisa la Cruz, es recibido en la orden de los Caballeros Kadosh, y se le ordena ejecutar su venganza sobre tres imágenes que representan al Papa, la superstición y el Rey.

Esta descripción gráfica la hace la famosa autoridad Benoit en su monumental obra, *La Masonería*. Los masones esperan promover la causa del deseo de Lucifer de gobernar el universo. Algunos masones han llegado a emascularse, creyendo que la sexualidad desenfrenada, permitida por el credo luciferino, bien podría interferir con su trabajo para establecer el reino de Lucifer en la Tierra. Janos Kader, el antiguo líder húngaro, se hizo castrar por este motivo. La Iglesia católica no llega a este extremo, sino que exige el celibato a los sacerdotes y monjas para que las presiones sexuales no jueguen ningún papel en su servicio a la humanidad y a Cristo. Pike, aunque Supremo Pontífice, recibió sus órdenes a través de una serie de "Instrucciones" en 1889, por lo que Margiotta llama un "Supremo Consejo de 23 Consejos de la Masonería Mundial".

Según algunas traducciones del texto, que se encuentra en el Museo Británico de Londres, las instrucciones son las siguientes:

> A vosotros, Soberanos Inspectores Generales, os decimos esto, para que repitáis a los Hermanos de los 32, 31 y 30 Grados: La religión masónica debe, por parte de todos nosotros, iniciados de altos grados, ser mantenida en la pureza de la doctrina luciferina. Si Lucifer no fuera Dios, Adonai cuyos hechos demuestran su crueldad y odio al hombre, su barbarie y repulsión por la ciencia, ¿lo calumniarían Adonai y los sacerdotes? Sí, Lucifer es Dios, y desafortunadamente Adonai también es Dios. Pues la ley eterna es que no hay luz sin sombra... Así, la doctrina del satanismo es una herejía, y la religión filosófica pura y verdadera es la creencia en Lucifer, el igual de Adonai, pero Lucifer, el Dios de la Luz y el Dios del Bien, lucha por la humanidad contra Adonai, el Dios de la Oscuridad y el Mal.

Esta es la verdadera religión de la Masonería.

Las metas y objetivos de la religión masónica, como se ha descrito anteriormente, conducen a revoluciones diseñadas para derrocar el Reino de Dios en la Tierra. El derrocamiento de la Rusia cristiana fue un gran triunfo para las fuerzas anticristianas, su derrota ante el general Franco en España fue un golpe catastrófico en el que la masonería también fue derrotada, lo que nunca se le perdonará a Franco. Si cree que se trata de una conexión tenue, piénselo de nuevo: el plan masónico para la separación de la Iglesia y el Estado en los Estados Unidos está destrozando a América, al igual que el aborto, el abandono forzado de las oraciones en las escuelas y la prohibición de que los cristianos celebren adecuadamente los días sagrados de Pascua, Pentecostés y Navidad como fiestas nacionales. (No a la manera de los paganos con los huevos de Pascua y Papá Noel, etc.)

Estos son sólo algunos ejemplos de lo que esta doctrina ha reconocido. ¡La presión masónica es una presión poderosa! Para que no se nos olvide, o incluso para que algunos no lo sepan, los francmasones de Francia pidieron el restablecimiento de los vínculos con el gobierno bolchevique tras la ruptura de las relaciones diplomáticas en todo el mundo en protesta por la violencia y el derramamiento de sangre de la revolución bolchevique. El presidente masónico Woodrow Wilson fue el primero en reconocer al gobierno bolchevique, a pesar de las fuertes protestas del Congreso. El poder de la masonería es impresionante.

Eckert:

Los francmasones organizaron la Primera Guerra Mundial; admiten ser los más feroces insurgentes y apóstoles de los asesinatos en el mundo.

El asesinato del archiduque Fernando de Austria en Sarajevo, generalmente considerado por los historiadores como la chispa que encendió a Europa en la Primera Guerra Mundial, fue un asunto masónico. Muchas autoridades, además de Eckert, están de acuerdo con esta afirmación. De la explicación del ritual, así como de la historia secular y de las confesiones de los miembros de la Orden, se puede concluir con razón que la masonería es una conspiración contra el altar, el gobierno y los derechos de propiedad, con el objetivo de establecer sobre toda la superficie de la Tierra, un reino social teocrático, cuyo gobierno político-religioso tendría su Sede en Jerusalén. La condición indispensable para esta realización es la destrucción de los tres obstáculos que la impiden, la Iglesia católica, los gobiernos nacionales y la propiedad privada.

La objeción del medio ha caído en gran medida. Apenas hay un gobierno en el que la masonería, si no es bienvenida, al menos es tolerada sin obstáculos. A menudo me pregunto qué tienen los gobiernos que permiten que este cáncer en su seno supere todos los esfuerzos por frenar sus actividades. Los gobiernos no pueden ser ciegos a la historia, que está llena de ejemplos de traición masónica. ¿Por qué entonces se permite la existencia de esta diabólica sociedad secreta, esta religión luciferina, dentro de las naciones cristianas? ¿Por qué se permite la existencia de cualquier sociedad secreta? Me gustaría que alguien mejor informado que yo resolviera esta cuestión que me tiene tan perplejo.

Esto puede deberse al hecho de que los gobiernos de todos los países occidentales están totalmente controlados por un gobierno secreto parasitario, como el que describimos en nuestro libro sobre el Comité de los 300, a través de su

Consejo de Relaciones Exteriores,[1] que es absolutamente luciferino en todas las facetas de sus actividades. Además, tenemos muchas religiones poderosas que no son cristianas y, de hecho, una religión importante que es francamente anticristiana desempeña un papel principal en todas las actividades anticristianas.

Los masones ven la destrucción de Cristo como una meta esencial de sus objetivos religiosos, que por supuesto están totalmente correlacionados con sus aspiraciones políticas. Estados Unidos aún tendrá que pagar un precio por la "libertad religiosa" y ese precio será muy probablemente la destrucción total de esta gran República Americana tal y como la conocemos en su forma actual. Si abres las puertas a los ladrones, debes esperar que entren en tu casa.

La mentira masónica de la "igualdad de todas las religiones" ha sido expuesta muchas veces como una charlatanería, una mentira engañosa, pero vale la pena repetirla: En la masonería no hay libertad de religión. No se tolera ningún otro culto que no sea el luciferino, y todos los demás son denigrados. El cristianismo, en particular, puede esperar un ataque de extrema ferocidad que se lanzará contra él, cuando los masones se hayan apoderado de todos los gobiernos seculares de este mundo, como es su objetivo frecuentemente declarado.

Naturalmente, la masonería no difunde sus intenciones desde los tejados de todas las ciudades; de hecho, como he dicho antes, la mayoría de sus miembros ignoran por completo estas verdades.

---

[1] El famoso CFR, NDT.

Citando de nuevo al Sumo Pontífice, Albert Pike:

> La masonería, como todas las religiones, los misterios, el
> hermetismo y la alquimia, oculta sus secretos a todos
> menos a los iniciados, a los sabios o a los elegidos, y utiliza
> falsas explicaciones e interpretaciones de sus símbolos
> para engañar a los que merecen ser engañados y para
> ocultarles la verdad, que se llama luz, y separarlos de ella.

Esta declaración tan franca, cuya autenticidad es discutida
por un número de masones, ha sido verificada por Preuss,
una de las principales autoridades en materia de masonería,
y se encuentra en los papeles de Pike en el Museo Británico
de Londres. No hay ninguna duda sobre la autenticidad de
esta cita.

CAPÍTULO 7

EL ORIGEN BRITÁNICO DEL ENGAÑO

Los británicos han proporcionado a este mundo muchos grandes engañadores. Uno de ellos me viene a la mente: Benjamin Disraeli, uno de sus más grandes Primeros Ministros, aunque hasta que fue acogido casi sin dinero por los Rothschild, no había llegado a mucho. Pero esta es una historia que conté en mi libro *La dinastía Rothschild,* una historia que sólo ha sido revelada a unos pocos. Disraeli es reconocido como una autoridad en materia de masonería, y mucho después del fin de la Revolución Francesa, hizo la siguiente declaración:

> No fueron los parlamentos, ni el pueblo, ni el curso de los acontecimientos los que derrocaron el trono de Luis Felipe... El trono fue sorprendido por las Sociedades Secretas, siempre dispuestas a asolar Europa.

Sé que esta frase ha sido citada muchas veces en el pasado, pero me pareció que valía la pena incluirla en este libro, simplemente porque no es menos importante hoy que cuando Disraeli pronunció las palabras en 1852.

No se equivoquen, las fuerzas que asolaron Francia y Rusia están dispuestas a asolar los Estados Unidos. ¿No vas a prestar atención para ver cómo Sudáfrica ha sido traicionada y vendida al Nuevo Orden Mundial? Si no tenemos cuidado, nos merecemos el destino que probablemente nos deparará a todos, ¡a menos que podamos despertar al pueblo estadounidense! Digo esto porque un estudio de la historia secreta de Estados Unidos expone la influencia mortal y maligna de la masonería en los asuntos de esta nación. Los presidentes Lincoln y Garfield fueron asesinados por masones. Hay muchas fuentes indudables que indican que estos asesinatos fueron preparados y planificados por los masones y no se quedó ahí. El presidente Reagan se salvó por poco de morir a manos de John Hinckley.

La masonería del Rito Escocés ha planeado numerosos complots para asesinar a figuras políticas que se han vuelto embarazosas para el poder masónico. El psiquiatra, al que Hinckley consultó por primera vez, era masón. Hinckley fue programado para llevar a cabo el asesinato, que fracasó. En resumen, a Hinckley le lavaron el cerebro tanto como a Sirhan-Sirhan. Como he informado en publicaciones anteriores, el psiquiatra de Hinckley, que posteriormente testificó en su juicio, recibió una importante "subvención" del Rito Escocés de la Masonería. ¿Necesito decir más?

Para aquellos que todavía piensan que la masonería es una orden filantrópica, dedicada a hacer el bien, permítanme sugerirles que lean lo que Copin-Albancelli, un duro crítico, y Louis Blanc, uno de los favoritos de la masonería, tenían que decir sobre la Orden. En un momento de franqueza, Blanc puso al descubierto el engaño de la masonería para que todos lo vieran:

> Como los tres grados de la masonería ordinaria agrupaban a un gran número de hombres opuestos, por la condición y el principio del derrocamiento social, los innovadores

multiplicaron los grados como otros tantos peldaños para subir la escalera mística, instituyeron los altos grados como un santuario oscuro, cuyos portales se abren a los iniciados sólo después de una larga serie de pruebas (que) están destinadas a probar el progreso de su educación revolucionaria, la constancia de su fe y el templo de su corazón.

Blanc ha aportado este hecho innegable: la masonería es una de las fuerzas revolucionarias más fuertes del mundo, y lo ha sido desde sus inicios. Una vez más, debemos dar las gracias a un portavoz masón por ayudarnos a descubrir las pruebas necesarias para apoyar la afirmación anterior.

Me he dado cuenta de que cada vez que los masones celebran un gran banquete, uno de ellos se suelta, y la verdad sale a la luz. Obsérvese la declaración del francmasón Jacques Delpech en un gran e importante banquete celebrado en 1902:

> El triunfo del galileo ha durado veinte siglos, y muere a su vez. La misteriosa voz que en su día anunció la muerte de Pan en la montaña de Epiro, anuncia ahora la muerte del Dios engañoso, que prometió una era de justicia y paz a los que creyeran en él. La ilusión ha durado mucho tiempo; el Dios mentiroso está desapareciendo a su vez; va a unirse a las otras divinidades de la India, Grecia y Egipto, de Roma también, donde tantas criaturas engañadas se han arrojado al pie de sus altares. Los masones, nos complace decir, no se preocupan por esta ruina de los falsos profetas.

La Iglesia romana, fundada sobre el mito galileo, comenzó a decaer rápidamente el día en que se formó la asociación masónica... Desde este punto de vista político, los masones han variado a menudo, pero desde tiempos inmemoriales, los masones se han mantenido firmes en este principio, la guerra a todas las supersticiones, la guerra a todos los fanatismos.

El original de esta declaración puede verse en el Museo Británico de Londres. Ya he citado un extracto de esta declaración en este libro, pero después de reflexionar he considerado oportuno incluirla en su totalidad, ya que considero que son las palabras más reveladoras jamás pronunciadas por un masón de alto rango.

Quizá sea menos conocido el papel que desempeñó la masonería en la Guerra entre los Estados, también conocida como la Guerra Civil estadounidense. Una autoridad en el tema es el autor Blanchard, quien en su libro, *Masonería del Rito Escocés*, Volumen II, página 484, afirma sobre este trágico conflicto:

> Este es el acto más infame de la guerra masónica, habiendo quemado sus registros de 59 años antes de la guerra para ocultar la traición. Pero la esclavitud gobernaba el país entonces y el Charleston del grado 33 gobernaba las logias. Y las logias del Sur se prepararon para la guerra más injustificable e infame de la historia. Los sureños fueron conducidos a ella por los líderes, que juraron secretamente obedecer las órdenes y los líderes masónicos, ¡o ser degollados!

¿Qué ha conseguido la masonería hasta ahora? En primer lugar, su guerra contra Cristo y la Iglesia se ha intensificado a través de un resurgimiento masivo de la brujería y la asombrosa difusión del gnosticismo en la última década (véase mi libro *Satanismo*).

La lucha con la Iglesia Católica también se intensificó. En 1985, había más jesuitas en los consejos superiores del

Vaticano que en ningún otro momento de la historia católica. Su orden para-militar, la Compañía de Jesús, ha sido capaz de extenderse por todo el mundo y causar estragos entre las naciones, incluyendo Zimbabue, Nicaragua, Filipinas y Sudáfrica, y también en gran medida en los Estados Unidos de América, donde ha establecido una verdadera fortaleza-centro de mando desde la que ha penetrado en todas las ramas del gobierno. Ha engendrado un espíritu de anarquía que se extiende por el mundo de muchas formas, sobre todo en forma de música "rock" y su gemela, la cultura de la droga, así como en el auge del terrorismo internacional. Conviene recordar que, según Cristo, Lucifer representa la anarquía y la rebelión, de las que es padre. Al examinar el progreso de la masonería, nos remontamos a su primer gran triunfo, la sangrienta Revolución Francesa. Una vez más, recuerda las palabras de Cristo: Satanás es un asesino sanguinario, y siempre lo ha sido.

La masonería desempeñó el papel principal en la planificación y ejecución de la Revolución Francesa. Para aquellos que no lo hayan leído, recomiendo el libro *La Revolución Francesa*,[2] de Nesta H. Webster. Es uno de los libros mejor investigados que demuestra, sin lugar a dudas, que la Revolución Francesa fue una empresa de la masonería, financiada por los Rothschild, que expresaron así su antiguo y enconado odio a Cristo.

Lo mismo ocurre con la aterradora revolución bolchevique de 1917. En ambos casos vemos el espíritu de la masonería como la mano que guía, particularmente la masonería

---

[2] *La Revolución Francesa, un estudio sobre la democracia*, Traducido al francés por primera vez por Omnia Veritas, www.omnia-veritas.com

británica. Antes de eso vimos la Guerra Anglo-Boer, un intento cruel e implacable de acabar con una pequeña nación pastoral de cristianos temerosos de Dios, el primer acto de genocidio, llevado a cabo únicamente para obtener el control de la riqueza mineral que yace bajo el suelo de Sudáfrica. Sí, fue el primer genocidio registrado contra una nación. Destacados francmasones como Lord Palmer y Alfred Milner la perpetraron contra lo que consideraban una nación inferior "barata" (en palabras de Cecil Rhodes), la nación blanca y cristiana de los agricultores bóeres.

Durante esta guerra asistimos al primer uso de los campos de concentración y a una guerra total contra la población civil (en contraposición al ejército), que se saldó con la muerte de 27.000 mujeres y niños. La cruel guerra de Crimea fue otro hito en la progresión de la masonería universal.

La Guerra de Abisinia, otra guerra genocida, se inició con el único propósito de desgarrar Italia y debilitar a la Iglesia Católica. No era más que un complot de la masonería de principio a fin. El general Rodolfo Grazziani era un destacado francmasón, y todo el asunto fue una planificación de Mazzini, un maestro masón y un maestro intrigante en la red masónica.

No es de extrañar que Mussolini prohibiera la masonería en Italia en 1922 y exiliara a algunos de sus líderes, como Bartelemeo Torregiani. Como es habitual, acudieron a Londres, capital mundial de los movimientos subversivos y rebeldes de todo tipo, donde la prensa británica intentó engañar al pueblo británico informando de que los masones italianos "no eran bienvenidos", por citar un importante periódico que publicó esta noticia en 1931.

Como ya se ha mencionado, la llamada Guerra Civil Española fue un intento de instalar un gobierno comunista y derrocar a la Iglesia Católica en España. Fue otro complot masónico, lo mires como lo mires. Los francmasones aprovecharon los disturbios civiles que sus fuerzas habían suscitado para lanzar un furioso y sangriento asalto a la Iglesia católica. Las estadísticas oficiales muestran que 50.000 monjas y sacerdotes perdieron la vida de la forma más cruel e inhumana posible. Tan violento era el odio a la Iglesia católica que, en una acción terrible, las tropas socialistas desenterraron los cadáveres de monjas y sacerdotes y los alinearon en posición sentada contra las paredes de una iglesia, les pusieron cruces en las manos y reprendieron, denunciaron y maldijeron a los muertos con todos los viles improperios que pudieron encontrar.

Con la prensa occidental entonces, como ahora, en manos de la masonería, los "leales" (los comunistas, cuya única lealtad era a Lucifer) fueron apoyados por la prensa mundial. Durante mis estudios en el Museo Británico, realicé una extensa lectura de la cobertura periodística de la guerra, y también vi varios "reportajes" y películas documentales sobre el tema, especialmente algunos de los "reportajes", que obviamente eran obra del Instituto Tavistock.[3]

Sin excepción, los enemigos de la humanidad han sido colmados de elogios, adulación, apoyo y consuelo, mientras que las fuerzas de la España cristiana, bajo la dirección del general cristiano Franco, han sido objeto de todas las calumnias infundadas y acusaciones de brutalidad, que

---

[3] Véase John Coleman *The Tavistock Institute*, Omnia Veritas Ltd, www.omnia-veritas.com.

nuestra prensa mentirosa de Occidente es tan buena para idear y llevar a cabo. Me atrevo a sugerir que si el propio Cristo hubiera dirigido las fuerzas de la España cristiana, los vendidos de la prensa habrían conseguido de alguna manera socavar incluso sus esfuerzos.

CAPÍTULO 8

ASESINATOS MASÓNICOS DE LÍDERES MUNDIALES

El complot masónico para asesinar al archiduque Fernando en Sarajevo tuvo éxito, y la Primera Guerra Mundial, con su terrible saldo de cristianos blancos masacrados, fue el resultado. La Primera y la Segunda Guerra Mundial fueron el resultado de la intriga, el complot y la planificación de los masones.

Ya he mencionado los asesinatos de los presidentes estadounidenses Lincoln, Garfield, McKinley y Kennedy. Los asesinatos por parte de los masones no se han limitado a los presidentes estadounidenses, sino que han involucrado a una amplia gama de figuras notables de la historia.

Hay muchas otras víctimas de los asesinos masónicos, como el representante L. McFadden, presidente del Comité Bancario de la Cámara de Representantes, que intentó detener el Banco de la Reserva Federal, un banco privado. No es un banco federal ni de reserva, sino un instrumento de esclavitud controlado por la masonería.

Ciertamente, es de dominio público que Paul Warburg, un francmasón alemán de grado 33, fue el autor de los artículos que lograron subvertir la Constitución de Estados Unidos al crear los Bancos de la Reserva Federal en 1913. Los masones del Senado de EE.UU. aseguraron su aprobación como "ley".

Sólo dos de los conspiradores que salieron de Hoboken en el vagón privado sellado el 22 de noviembre de 1910, con destino a la isla de Jekyll, en la costa de Georgia, para planificar los bancos de la Reserva Federal, no eran masones. Hay pocas referencias a esta conspiración para subvertir la Constitución en los documentos oficiales. Ni siquiera el coronel Mandel House (un destacado masón, que fue el interventor del presidente Wilson, que firmó la Ley de la Reserva Federal) lo menciona.

Como de costumbre, cuando están en juego los intereses vitales del pueblo estadounidense, la prensa canalla, como el *New York Times*, no considera oportuno informar al pueblo estadounidense de estos despreciables actos de traición. ¿Por qué fue importante 1913? Porque sin los Bancos de la Reserva Federal, ¡no habría sido posible que la masonería llevara a cabo la Primera Guerra Mundial! En esa guerra, y en la Segunda Guerra Mundial, las fábricas de municiones propiedad de los banqueros internacionales (palabra que designa a los banqueros y a los gángsters) ¡nunca se tocaron! La moneda "elástica" del Banco de la Reserva Federal proporcionó el dinero para el comercio de armas, por lo que puede estar seguro de que nadie en ninguno de los dos bandos del conflicto habría sido tan tonto como para destruir los activos de los banqueros, es decir, sus fábricas de armas y municiones.

Creo que los verdaderos "internacionalistas" son los traficantes de armas de los países occidentales. Estos hombres que trabajan bajo la dirección de los masones tienen dos objetivos: crear y prolongar las guerras y perturbar la paz mediante el terrorismo internacional.

Luego para explotar las guerras que creen que seguirán. Los bancos no conocen fronteras nacionales y no deben lealtad a ningún país. Su Dios es Lucifer.

Si es posible, coja un ejemplar de *Arms and the Men*, un pequeño libro publicado por la revista Fortune y léalo con atención. Entonces tendrá una idea clara de quién está detrás del terrorismo internacional y, quizás más importante, la prueba de que la masonería es la fuerza demoníaca que campa a sus anchas en el mundo actual, responsable de las Brigadas Rojas (sucesoras del grupo terrorista masónico La Roja) y de los muchos cientos de grupos terroristas organizados que operan en todo el mundo.

Otro de los mayores éxitos y logros de la masonería es el uso de drogas inducidas artificialmente y la proliferación meteórica del "comercio" en todo el mundo occidental. El papel de China (el principal proveedor de opio en bruto) en el conflicto de Vietnam fue conseguir que las tropas estadounidenses se hicieran adictas al opio para que se llevaran su hábito a Estados Unidos. En esto, China tuvo éxito. Las estadísticas muestran que el 15% de las fuerzas militares estadounidenses en Vietnam se hicieron adictos a la heroína. Los capos del narcotráfico son los principales masones.

Si le resulta difícil de creer, permítame recordarle a los mayores explotadores de opio que el mundo ha conocido: el gobierno británico. La política oficial del gobierno británico con respecto al opio en China produjo millones de adictos a este producto. Lord Palmerston, un masón del rito escocés de 33, fue el responsable de este insidioso comercio. Los beneficios de esta empresa satánica financiaron al menos una gran guerra contra Cristo: la guerra anglo-boer (1899-1902).

¿Qué pasó con la princesa Grace de Mónaco? Su coche sigue bajo control en el patio de la policía en Mónaco. Nadie puede inspeccionarla. ¿Y por qué no? ¡Porque Grace fue asesinada por los hombres de la Orden Francmasónica P2 (la rama más secreta de la masonería italiana) para advertir a su marido que no se apropiara de los beneficios de sus operaciones de dopaje en Colombia y Bolivia!

La anarquía de la Corte Suprema de los Estados Unidos es de inspiración masónica. El Tribunal Supremo sin ley ha dado a América el aborto, una palabra educada para el asesinato al por mayor de al menos 50 millones de bebés inocentes e indefensos incapaces de protegerse a sí mismos. Que Dios Todopoderoso nos perdone por permitir que Lucifer asesine a los no nacidos.

El rey Herodes fue un vil asesino de niños, pero las fábricas de abortos lo hacen parecer un santo en comparación. ¿Son los jueces pro-aborto que calientan los bancos del Tribunal Supremo mejores que Herodes? La anarquía del Tribunal Supremo al prohibir las oraciones en nuestras escuelas es otro triunfo de la masonería. Lucifer es el epítome de la anarquía, y la Corte Suprema de los Estados Unidos, controlada por los masones, está llevando a cabo su agenda anárquica en los Estados Unidos hoy.

> Me elevaré sobre las alturas de las nubes, seré como el Altísimo (Isaías, capítulo II, versículo 14)

Esto es lo que ha hecho el Tribunal Supremo de Estados Unidos. Se ha colocado por encima de los dos mejores documentos jamás escritos, la Biblia y la Constitución de los Estados Unidos. Hasta que no pongamos remedio a esta terrible situación, los Estados Unidos continuarán a la deriva hacia abajo y finalmente caerán como una ciruela madura en las manos de la conspiración mundial controlada por Lucifer que llamamos Masonería. En el libro del Génesis, capítulo 3, versículo 15, leemos que Dios ha declarado la guerra a Lucifer. Ese conflicto está en marcha ahora mismo. ¿Qué hacemos al respecto?

¿Pasamos nuestro tiempo anestesiados por el espectáculo deportivo de la televisión, o hacemos nuestra parte para advertir a nuestros compatriotas que la caída de esta gran nación es inminente? Si no nos despertamos de nuestro ciego letargo y nos unimos a la guerra de Dios contra Lucifer, tenemos poco valor como soldados de Cristo.

Jesús dijo que Caín fue el primer proscrito terrenal. El movimiento masónico honra a Caín con su contraseña, Tubal Caín. La masonería no puede coexistir con el cristianismo. O la masonería triunfa o el cristianismo la destruye. El asesinato de Cristo fue el acto más ilegal jamás cometido en el universo, pero la masonería lo aplaude. Una de sus grandes figuras, Proudhon, dijo:

> Dios es cobardía, locura, tiranía, maldad. ¡Para mí entonces, Lucifer, Satanás!

El comunismo es un complot masónico para hacer avanzar el reino de Lucifer en desafío al plan de Dios para su pueblo en la Tierra. Cuando nos demos cuenta de estas cosas, muchas piezas del rompecabezas empezarán a encajar.

El tipo de educación que recibimos en nuestras escuelas y universidades no nos permitirá combatir estos males, porque el conocimiento de estas cosas nos es ocultado deliberadamente por nuestros controladores educativos.

No encontrará nada en nuestras universidades sobre el hecho de que el Banco de la Reserva Federal es una entidad ilegal y privada. Tampoco encontrará nada sobre el gobierno secreto de los Estados Unidos, el Comité de los 300 y su Consejo de Relaciones Exteriores, que está traicionando y entregando esta gran nación en manos de un gobierno de un solo mundo: el Nuevo Orden Mundial. Es un plan masónico, parte de su esfuerzo universal para destruir completamente el cristianismo y borrarlo de la faz de la tierra.

Es el último acto de anarquía. Recuerda que Cristo vino a liberarnos de la ley babilónica, en la que se basa la masonería. Cristo dijo que Satanás es un proscrito, porque vino a la Tierra ilegalmente, es decir, sin cuerpo. Por eso Cristo tuvo que nacer de una mujer, para poder estar legalmente en la Tierra.

Sólo los que tienen un cuerpo están legalmente en la tierra. Satanás entró en este mundo por la puerta trasera. (Cristo dijo en las parábolas que escaló el muro.) Por culpa de Satanás, a quien los masones adoran, los Estados Unidos han caído en una situación desesperada. Tal vez usted sea un masón de los grados inferiores y diga: "Llevo años como masón y nunca ocurre nada parecido en nuestra logia".

A usted y a otros como usted, permítame decirles: "Han sido engañados. La gran mayoría de los masones nunca son informados de lo que ocurre en el grado 33.

Como dijo Eckert:

> He dicho y repito que muchos masones, incluso en los grados masónicos, no sospechan el significado oculto de los símbolos que utilizan para lo que se enseña y practica

en los grados más altos.

Otra autoridad en materia de albañilería, Dom Benoit, dijo:

> El Rito Reformado del Paladio tiene como práctica y propósito fundamental la adoración de Lucifer, y está lleno de impiedad y de todas las infamias de la magia negra.
>
> Tras establecerse en Estados Unidos, ha invadido Europa y avanza cada año de forma aterradora. Todo su ceremonial está lleno, como puede imaginarse, de blasfemias contra Dios y contra nuestro Señor Jesucristo.

¿Es necesario decir más?

CAPÍTULO 9

HECHOS ANTERIORMENTE OLVIDADOS

La única cosa que no podemos ignorar de la masonería es que es un movimiento subversivo. La masonería significa muchas cosas para muchas personas, pero el hilo común que recorre la historia de la masonería es su característica constante de secretismo por su propia seguridad. Todas las sociedades secretas son subversivas, algunas son también ocultistas y políticas, pero estos hechos se ocultan al grueso de los masones, que rara vez pasan del cuarto grado.

La masonería es una organización que ama el secreto y odia a los que tratan de exponer su maldad inherente. Tiene un fetiche por el secreto. La mampostería tiene que estar expuesta. Una jornada de puertas abiertas sería suicida para el movimiento. El propósito de este libro es arrojar algo de luz sobre la masonería, que está tan entrelazada con los jesuitas y la nobleza negra, que sería imposible hablar de la masonería de forma aislada y sin hacer alguna referencia a sus co-conspiradores.

Esto se hará evidente a medida que avance en mi libro. El llamado credo masónico está bastante bien descrito por León Tolstoi, quien, a pesar de no ser masón, hizo un relato claro, matizado por una simpatía un poco excesiva hacia la masonería y algunos de sus principios.

Tolstoi detalla con la "hermandad" (la piedra angular de la masonería, los Illuminati y el comunismo) lo siguiente:

> Sólo colocando piedra sobre piedra, con la colaboración de todos los millones de generaciones, desde nuestro antepasado Adán hasta el día de hoy, se erigirá el Templo, para que sea una digna morada del gran Dios.

No nos dice que la letra "G", símbolo de la masonería, representa el gnosticismo y no a Dios. Tolstoi continúa diciendo:

> El objeto primero y principal de nuestra Orden, el fundamento sobre el que se apoya y que ningún poder humano puede destruir, es la conservación y la transmisión, desde las primeras edades, desde el mismo primer hombre, de un misterio del que puede depender el destino de la humanidad. Pero como este misterio es de tal naturaleza que nadie puede conocerlo ni utilizarlo sin estar preparado para ello mediante una larga y diligente autopurificación, no todos pueden esperar alcanzarlo rápidamente, de ahí un propósito secundario: el de preparar a nuestros miembros, en la medida de lo posible, para reformar sus corazones, purificar e iluminar sus mentes, por los medios que nos ha transmitido la tradición.

Este es precisamente el objetivo de los Illuminati y de muchas otras sociedades secretas como los Rosacruces y los Jesuitas. La nobleza negra cree que, de alguna manera, ha sido dotada de conocimientos especiales y elegida para gobernar "desde la antigüedad".

Así es como uno puede ver los denominadores comunes entre la masonería y las otras sociedades secretas ocultas con las que el mundo está ahora tan fuertemente infestado. Que la masonería es enteramente una oscura mentira puede deducirse de las palabras de Cristo, que dijo

> ... que los hombres aman más las tinieblas (lugares secretos) que la luz, porque sus acciones son malas.

Es la noción de una tradición antigua y fundamentalmente importante la que da a la masonería su motivación. Todas las órdenes secretas, incluso el sacerdocio egipcio, se mantuvieron unidas y se les dio poder y autoridad bajo el supuesto de que sabían cosas secretas que la gente común no sabía. Otra vez Tolstoi:

> El tercer objetivo es la regeneración de la humanidad.

Estos son los siete escalones del templo de Salomón. En este punto mencionaré que Salomón fue probablemente el mayor mago que jamás haya existido. En los tiempos modernos, un joven gitano, nacido y residente en Estados Unidos, que se hacía llamar David Copperfield, se hizo famoso como gran mago. Los gitanos gitanos son conocidos desde hace mucho tiempo como practicantes de trucos de magia, y Copperfield alcanzó grandes cotas antes de que su carrera se hundiera debido a su detención por violación. Dado que creo, como también afirma el Antiguo Testamento, que el cristianismo no se apoya en un fundamento mágico, me inclino a descartar que la sabiduría de Salomón tenga poca influencia en las enseñanzas de Cristo. Mi opinión personal es que el cristianismo no depende totalmente del Antiguo Testamento. El cristianismo comenzó realmente con el Cristo de Galilea. Cristo no era de Jerusalén, ni de Salomón, ni del linaje davídico. Por lo tanto, los cristianos deben rechazar de plano como propaganda la idea de que la masonería se basa en el cristianismo, porque habla mucho de Salomón.

Si estudiamos este punto, tendremos una mejor comprensión tanto de la masonería como del cristianismo. Mi opinión personal es que Cristo inicialmente limitó su ministerio a Galilea, pero fue persuadido por sus seguidores a emprender una cruzada misionera a Jerusalén. No pasó mucho tiempo después de su viaje misionero a esa ciudad cuando el Sanedrín lo condenó a ser crucificado. No creo que los trucos de magia de Salomón tengan nada que ver con el cristianismo, como tampoco lo tiene la masonería. Me pregunto cuántos de nosotros nos hemos parado a pensar en los estrechos vínculos entre los masones y los templos.

Los siete escalones del templo de Salomón supuestamente significan:

* ❖ Discreción
* ❖ Obediencia
* ❖ Moralidad
* ❖ El amor a la humanidad
* ❖ Valor
* ❖ Generosidad
* ❖ Amor
* ❖ Muertes

Una vez más, llamo la atención sobre el aumento de las escenas fúnebres en casi todas las películas de Hollywood y de la televisión en los últimos 20 años. Quisiera señalar que el objetivo es inculcar en todos nosotros una actitud despreocupada hacia la muerte, lo que se opone directamente a la enseñanza de Cristo, que dijo que la muerte es el último enemigo a vencer. Cuando empezamos a considerar la muerte como una simple nada, la civilización corre el riesgo de retroceder a la barbarie.

A medida que nos acostumbremos a aceptar la muerte de forma casual, nuestra sensibilidad (con suerte) se embotará: el horror consciente normal de los asesinatos en masa acabará dando paso a una sensación de imprudencia. Le propongo que a todos se nos lave el cerebro constantemente. Recuerde este punto la próxima vez que vea una película que incluya la casi obligatoria escena del entierro junto a la tumba. La intención es engendrar una falta de respeto por la individualidad de cada uno de nosotros. No somos una masa de personas, somos individuos.

Una aceptación casual de la muerte va en contra de las enseñanzas de Cristo y es consistente con las doctrinas de los masones, así como las doctrinas de muchas otras sociedades secretas cuyo carácter y propósito son decididamente satánicos. Frank King, autor de un notable libro sobre el masón Cagliostro, de quien se dice que "descubrió" el rito egipcio de la masonería, afirma que la ceremonia de iniciación a la que se sometió Cagliostro "era muy similar a la que se realiza en las logias masónicas de hoy". Incluye varias escenas inofensivas pero indignas, que pretendían impresionar al candidato.

El iniciado es izado al techo y se le deja colgado, lo que significa su impotencia sin la ayuda divina. Le apuñalan con una daga, cuya hoja se hunde en el mango para enfatizar el destino que le espera si llega a traicionar los secretos de la Orden. Tuvo que arrodillarse, despojado de sus ropas, para mostrar su sumisión al Maestro de la Logia. Cagliostro, un gran mago, en una visita a Londres, se encontró con un libro sobre el rito egipcio. El libro es de George Gaston.

Impresionó tanto a Cagliostro que comenzó a promoverlo, llamándolo "El Rito Egipcio de la Masonería", reclamándolo como propio. Cagliostro afirmaba que el rito egipcio era más solemne y antiguo que la masonería regular. Presentó su "descubrimiento" como una "Orden Superior de la Masonería", abierta sólo a los masones del grado 25 y superiores. Al igual que el autor original, Gastón, Cagliostro afirmaba que los fundadores del Rito Egipcio eran Elías y Enoc, y que al igual que ellos, los miembros de la Orden Masónica del Rito Egipcio nunca morirían, sino que serían "transportados" después de la muerte, renaciendo cada vez de las cenizas para vivir doce vidas.

No cabe duda de que a los masones "purificados" les resultaba muy agradable la perspectiva de no tener que morir y de ser investidos con doce vidas, de modo que hubo un buen número de conversos a la Nueva, o debería decir Antigua, Orden de Cagliostro, especialmente el mariscal de campo Von der Recke y la condesa Von der Recke, de la Nobleza Negra, cuyas familias se remontan a los güelfos negros venecianos. El extraordinario Cagliostro, maestro mago y el "Salomón" de su tiempo, fue admitido en la logia Hope de los masones Kings Head de Londres en 1776. Tras 14 meses en Londres, partió para promover su "nuevo" rito en Roma en las narices de sus enemigos católicos y pronto fue arrestado por el Papa. Si no supiéramos nada más de la masonería, ya estaría claro que la masonería es la descendiente directa de los cultos órficos y pitagóricos, y que no tiene nada que ver con el cristianismo, y menos aún con el culto a Dios, que, como he dicho, la masonería no nos dice mientras afirma con orgullo que la letra "G" representa a Dios. Si la masonería estuviera fundada en el cristianismo, no odiaría a la Iglesia católica con tanta furia y violencia.

CAPÍTULO 10

LA IGLESIA CATÓLICA: ENEMIGO JURADO DE LA MASONERÍA

Desde los primeros días de su historia, la Iglesia Católica ha denunciado la masonería como algo intrínsecamente malo. La Iglesia Protestante, por otra parte, y en particular su rama anglicana, no sólo ha tolerado abiertamente la masonería, sino que en varios casos algunos miembros de la jerarquía de la Iglesia Anglicana ocupan altos cargos en la masonería. Hay muchos casos en los que los sacerdotes anglicanos controlan las logias más secretas e importantes, como la Logia Quator Coronati de Londres y la infame Logia de las Nueve Hermanas[4] en el distrito 15 de París. La masonería ha declarado despectivamente que no teme al protestantismo, por considerarlo hijo bastardo del catolicismo, su mortal y formidable enemigo.

La Iglesia protestante no puede oponerse eficazmente a la difusión de la masonería. La masonería enseña como un hecho que la masonería es la única alternativa viable al catolicismo, que Mazzini (un destacado masón que jugó un papel tan decisivo en el desencadenamiento de la guerra

---

[4] La famosa Logia de las Nueve Hermanas a la que se dice que pertenecía Benjamin Franklin.

civil americana) denunció con la mayor ferocidad. Es perfectamente correcto decir que la Masonería simplemente ignora a la Iglesia Protestante.

Un albañil del grado 33 me dijo:

> Somos la primera religión del mundo actual. Somos más viejos y más sabios que la Iglesia católica, y por eso nos odia tanto. El hombre que se une a nosotros se siente miembro de una religión fundamental de una sociedad secreta, guardián de los más antiguos misterios de las fuerzas de la vida y del universo. No tenemos el problema que tiene la religión organizada de inspirar en sus seguidores el profundo sentido de propósito que nosotros inculcamos a nuestros miembros. Mira a los católicos de África y Sudamérica. ¿Diría que están imbuidos de un profundo sentido de propósito, de pertenencia?

Por supuesto, mi amigo masón no se molestó en explicarme que la masonería se basa en el engaño, siendo su verdadero propósito la adoración de Lucifer. Continuando con sus esfuerzos de propaganda hacia mí (de hecho, me estaba ofreciendo ser miembro de su Logia), dijo:

> El iniciado que aceptamos emerge con la sensación de un universo bien ordenado, en el que sus propios objetivos y metas están de repente claramente definidos. Una tradición que se remonta a Adán está detrás de él. La noción de la hermandad del hombre le da un nuevo sentido de pertenencia a la raza humana. Además, el mundo está lleno de hermanos masones benévolos que no le defraudarán. Esta es, por supuesto, una importante atracción que la Iglesia cristiana pasa por alto por completo. Mientras la Iglesia cristiana no aprenda a preocuparse por las personas, por los demás, en términos prácticos y cotidianos, el cristianismo seguirá marchitándose.

No cabe duda de que en todos nosotros existe un fuerte deseo de satisfacer nuestras necesidades físicas. La seguridad es primordial, y mi amigo masón tiene sin duda razón. Mientras que Billy Graham y sus compañeros "televangelistas" se ocupan claramente de sus propias necesidades, los miembros principales de sus ministerios no se ocupan en absoluto a nivel práctico. Hay una falta total de amor fraternal y de preocupación por los demás entre los cristianos. Nadie puede negar la existencia de un defecto tan evidente y la gravedad del problema. En esto podríamos inspirarnos en la masonería, que cuida bien de sus miembros. Sea cual sea la relación incestuosa entre la masonería, la nobleza negra y los jesuitas, su deseo y objetivo común es derrocar el orden existente y destruir el cristianismo. Seamos católicos o protestantes, es nuestro deber oponernos a su objetivo con todas nuestras fuerzas. Todas las grandes conspiraciones están unidas y vinculadas entre sí, dinamizadas por poderosos motivos ideológicos; en el caso de la masonería, un odio común al cristianismo. Podemos incluir en su "lista de odio" el odio a los verdaderos ideales republicanos y a los estados nacionales.

¿Qué tienen en común los conspiradores, además de lo anterior? La respuesta es que están respaldados al cien por cien por la inmensa riqueza de las "viejas familias" e incluso, tontamente, por alguna realeza. En Estados Unidos cuentan con todo el apoyo del CFR, descendiente del Essex Junto, uno de los organismos conspiradores que iniciaron la Guerra Civil y casi rompen la Unión con la ayuda de las familias más ricas de Boston. Los descendientes de las familias más antiguas y respetables de Boston están continuando el trabajo de la Essex Junto, intentando romper los Estados Unidos - y están respaldados por algunas de las dinastías bancarias más ricas del mundo.

Esta banda de traidores tiene una aliada en el Vaticano, una tal Clarissa McNair, que difundía propaganda antiamericana en la Radio Vaticana. Fue protegida por varios masones prominentes, por lo que logró sobrevivir a la ira del Papa.

La desestabilización de Polonia, que allanó el camino para la invasión planeada, fue llevada a cabo por el masón formado por los jesuitas Zbigniew Brzezinski, que "creó" Solidaridad[5], el falso sindicato, únicamente para desestabilizar al gobierno del general Jaruzelski. El Papa explicó que él, Lech Walesa, era sólo una herramienta en manos de fuerzas mayores. Tras su reunión, Walesa desapareció de la escena política. Con una o dos excepciones, la mayoría de los papas son enemigos de la masonería y se oponen sistemáticamente a los jesuitas. El Papa Juan Pablo II causó consternación en los círculos jesuitas al nombrar a la antijesuita Paola Dezzi como directora de la orden. "Pondré orden en la Orden", dijo el Papa.

Los casos anteriores, Polonia y la oposición a los jesuitas, son sólo dos de los muchos casos en los que los papas se han visto envueltos en batallas con la masonería. Muy poca gente sabe algo sobre los esfuerzos diplomáticos del Papa Juan Pablo II, como sus repetidas advertencias a Estados Unidos para que abandone su ciego enfoque pro-israelí en la política de Oriente Medio, una actitud que, según el Papa, conduciría a la Tercera Guerra Mundial.

Polonia no es el único caso de traición deliberada en el gobierno occidental desde la Segunda Guerra Mundial.

---

[5] Solidarnosc en polaco.

Recuerdo que fue un tal Klugman quien introdujo a los traidores, agentes británicos del MI6 llamados Burgess, McLean y Philby, en el KGB. Philby, masón de toda la vida, consiguió su trabajo en el SIS (Servicio Especial de Inteligencia) a través de Sir Stuart Menzies, masón de rito escocés y antiguo director del SIS. Anthony Blunt, el guardián del cisne de la reina y espía extraordinario, comenzó su carrera como traidor tras unirse a los masones.

A lo largo de su carrera, Blunt fue protegido por hombres de alto rango en el SIS, compañeros masones que, como él, eran devotos de la causa de la masonería. El SIS está plagado de topos masónicos del KGB. Otro hecho escandaloso es que Scotland Yard está dirigida de arriba a abajo por masones del Rito Escocés. La mampostería utiliza métodos sutiles de control. En los primeros tiempos de su historia, esto no siempre fue así. Era más proclive a utilizar la fuerza pura y dura para lograr sus objetivos que en la actualidad. Un ejemplo realmente notable de lo que estoy diciendo es Cagliostro, al que ya he mencionado. Cagliostro fue acusado de robo cuando un marqués siciliano, un masón de 33, interrumpió el juicio saltando sobre el fiscal y tirándolo al suelo. Los cargos contra Cagliostro fueron rápidamente retirados. Este relato fue verificado por la autoridad masónica W.R.H. Towbridge y por Goethe. En la actualidad, los jesuitas de la Nobleza Negra-Masones no utilizan la fuerza directa, salvo para dar una lección de advertencia a los miembros descarriados, como vemos con el ahorcamiento ritual de Roberto Calvi y la muerte de Grace Kelly. Calvi era el director del Banco Ambrosiano, culpable de la pérdida de varios millones en dinero de albañilería. Huyó a Inglaterra para buscar la protección de sus amigos, pero se encontró con una trampa fatal. Fue ahorcado por los masones según su ritual. Cuando se presenta la oportunidad, los masones no rehúyen la violencia. Los sangrientos juramentos que se hacen en cada grado son brutales y repulsivos.

El autor John Robinson dice en su libro *Born in Blood*:

> ... Que le arranquen a uno la lengua, que le arranquen el corazón del pecho, que le corten el cuerpo en dos con las vísceras reducidas a cenizas parece un ensañamiento, literalmente, y es contrario a la ley de cualquier país en el que operen los masones, así como a todas las religiones que los masones acogen en fraternidad

John Quincy Adams, que fue el sexto presidente de los Estados Unidos, se oponía particular y vehementemente a la masonería.

Como dice Robinson en su libro:

> Adams nunca perdió la oportunidad de condenar la masonería. Hace un llamamiento a todos los masones para que abandonen la orden y ayuden a abolirla de una vez por todas, ya que es totalmente incompatible con una democracia cristiana. Escribió tantas cartas contra la masonería que podrían llenar un libro. En una carta a su amigo Edward Ingersoll, fechada el 22 de septiembre de 1831, el ex presidente resumió su actitud ante los juramentos masónicos y su impacto en la hermandad.

Los historiadores y estudiosos de la masonería y la Constitución de los Estados Unidos no están de acuerdo en que las afirmaciones de que la masonería había echado raíces entre los Padres Fundadores quedaran firmemente arraigadas en la joven República. La versión final de la Constitución fue escrita por muchas mentes brillantes, pero se ha demostrado que los masones fueron responsables de gran parte de ella.

Thomas Jefferson, cuya prosa constituye la mayor parte del documento, se oponía sin embargo firmemente a la masonería. Los otros autores principales fueron George Washington, Benjamin Franklin y John Adams. Aunque no era masón, Adams habría estado de acuerdo con Washington y Franklin. Jefferson sigue siendo el intruso. Pero como hizo con Cagliostro, la masonería siempre se ocupa de los suyos.

La "fuga milagrosa" de una prisión suiza de alta seguridad del masón italiano P2 Lucio Gelli es un testimonio de ello, y del extraordinario poder de los masones. Gelli vive en España, sin problemas con la policía suiza ni con la Interpol, el remanente de Reinhart Heydrich. Lo curioso de Gelli es que durante toda la Segunda Guerra Mundial colaboró estrechamente con Mussolini, a pesar de que éste se oponía a la masonería.

Quizás porque a los 17 años, Gelli se presentó como voluntario en un cuerpo expedicionario formado por Mussolini y enviado a luchar contra los comunistas en España.

Más tarde se incorporó a la CIA. En marzo de 1981, la policía allanó la residencia de Gelli y descubrió numerosos documentos que demostraban que había trabajado con Roberto Calvi, del llamado "Banco del Vaticano", es decir, con la mafia. El cardenal Casaroli dijo más tarde que el Banco del Vaticano había sufrido un robo de millones de dólares.

CAPÍTULO 11

LAS CONEXIONES MASÓNICAS DE INTERPOL

Antes me preguntaba por qué las naciones occidentales utilizaban la Interpol, un antiguo dispositivo nazi, mientras condenaban a Alemania por defenderse durante la Segunda Guerra Mundial, hasta que descubrí que la Interpol es una red de espionaje masónica, patrimonio de los masones, los jesuitas y la nobleza negra. David Rockefeller hace un amplio uso de Interpol, que literalmente compró a Alemania en los años de la posguerra, para vigilar a los grupos de derecha estadounidenses que pudieran suponer una amenaza para el Consejo de Relaciones Exteriores (CFR).

La historia que he estudiado, que no se encuentra en sus libros de historia habituales, revela que el Rito Escocés siempre ha estado, y sigue estando, a la cabeza de muchas sociedades secretas que infestan el mundo. El Rito Escocés de la Masonería comenzó como el culto a los mobeds, a veces llamados los magos. Simón el Mago era un miembro de los Mobeds. Fue Simón Mago quien elevó el culto del gnosticismo a una fuerza anticristiana, que luego llevó a Roma para contrarrestar las actividades de San Pedro y Filón de Alejandría.

Del gnosticismo nació el odio al cristianismo, a la nación, a los estados y a los ideales republicanos, que acabó destilándose en el cuerpo doctrinal de todas las sociedades secretas, que conocemos como masonería. En el corazón de la masonería se encuentra el Rito Escocés, en el que se honra y adora a Lucifer en los grados superiores. La aristocracia británica la impuso en América con consecuencias desastrosas para la joven República. Gran Bretaña está gobernada por el inicuo Rito Escocés, heredero de la Hermandad Pre-Rafaelita de cultos ocultistas-templarios y de Isis y Osiris de John Ruskin. Los rosacruces son una creación de los jesuitas Robert Fludd y Thomas Hobbes, secretario del agente del servicio secreto Bacon, y establecieron los principios fundadores del Rito Escocés.

La creación del Rito Escocés de la Masonería fue supervisada por Sir William Petty, abuelo del famoso Conde de Shelburne, orquestador de la sangrienta revolución dirigida por la oligarquía suiza y controlada por Londres, que conocemos como la Revolución Francesa. El jesuita colocó a Robert Bruce en el trono de Escocia y lo nombró jefe del Rito Escocés. Los Cecil, que han dominado la dirección de Inglaterra desde la época de la reina Isabel I, forman parte de la conspiración. Los Cecil están directamente relacionados con la casa veneciana de la Nobleza Negra de Guelph. Si desea conocer todos los detalles sobre los Cecil, puede hacerse con un ejemplar de mi monografía *King Makers, King Breakers: The Cecils*.

La historia secreta de la América republicana está llena de nombres de notorios traidores que eran miembros del Rito Escocés y se oponían a la joven República. Albert Gallatin, un espía suizo de la nobleza negra, Albert Pike, un estadounidense degenerado y disoluto, y Anthony Merry, el nuevo embajador británico enviado a Estados Unidos en 1804 por el masón del rito escocés, el primer ministro

William Pitt de Inglaterra, conspiraron con Timothy Pickering, el senador James Hillhouse y William Plummer para que New Hampshire se separara de la Unión. Merry se hizo pasar por un diplomático sin experiencia, pero en realidad era un agente masónico de alto rango, también involucrado en complots secesionistas similares en Nueva Jersey, Pensilvania y Nueva York.

William Eustas fue el candidato que el Rito Escocés presentó para derrotar la candidatura de John Quincy Adams a un escaño en el Congreso. Los masones no ocultaron su complicidad en la victoria de Eustas sobre Adams. Años antes, otro masón, Grenville, había impulsado la Ley del Timbre.

El Parlamento británico, controlado por los francmasones, activó el Estatuto de Enrique VIII, que permitía a los británicos traer a Inglaterra a cualquier persona de la colonia americana que estuviera decidida a sacar al joven país del yugo del rey Jorge III, aunque para ello tuviera que ir a la guerra.

La Logia Madre del mundo del Rito Escocés, establecida en Charleston, Carolina del Sur, por la odiada oligarquía de los enemigos de la joven República, tenía como uno de sus principales mensajeros a un tal Moses Hayes, empresario tory, que viajaba entre todos los Estados, llevando instrucciones y mensajes del Rito Escocés. Hayes se negó a prestar el juramento de fidelidad cuando estalló la guerra. El muy poderoso First National Bank de Boston fue fundado por Hayes, Arthur Hayes Sulzberger y John Lowell, con el nombre de "Bank of Massachusetts". Los Sulzberger pasaron a dirigir el *New York Times* como propietarios nominales, pero no reales. El largo y vil historial de antiamericanismo del *New York* Times es demasiado conocido como para detenernos en él.

La activa y grave traición planeada por el Rito Escocés comenzó en serio en América con una patente otorgada a Augustin Prevost, miembro de la nobleza negra suiza enemiga de la República, que llevaba el título masónico de "Príncipe del Real Secreto". A lo largo de nuestra historia, la nobleza negra suiza y veneciana se burló de nosotros, haciendo todo lo posible por socavar y destruir la joven nación, que veían como una amenaza para el viejo orden europeo. La familia lombarda, maltratada y casi arruinada en el siglo 14, fue ayudada a levantarse de nuevo por los "benévolos francmasones", especialmente el francmasón de la Nobleza Negra, el conde Viterbos de Venecia.

Las familias Viterbo y Lombardas revivieron el poder y el prestigio de Venecia, y la dinastía bancaria lombarda continuó durante cientos de años luchando contra la América republicana. Los Viterbo resucitaron Venecia conquistando el Imperio Otomano, que se repartió entre ellos y sus amigos de la familia. La familia de nobles venecianos negros Lonedon organizó la "conversión" de Ignacio de Loyola, que de repente se arrepintió y fundó la orden de los jesuitas. Los jesuitas fueron y son una organización de recolección de información de la masonería, la nobleza negra, las familias Pallavicini, Contarini, Luccatto y el establishment liberal de la costa este americana. Fueron los jesuitas quienes escribieron la carta pastoral del obispo católico condenando nuestra disuasión nuclear como parte de la guerra de 300 años de la masonería contra la Iglesia Católica y los Estados Unidos.

Uno de los principales guerreros de la masonería fue Vernon Walters, alborotador del presidente Reagan y embajador en la ONU. Walters era un miembro destacado de la Logia Masónica Italiana P2. Me pregunto si el presidente Reagan interrogó alguna vez a Walters sobre su papel en nombre de P2 en el movimiento naxalita (1960 - 1970). No menos intrigante que Walters fue William Sullivan, que desempeñó un papel en el derrocamiento del presidente Marcos de Filipinas. Fue Sullivan quien pidió al Congreso que no efectuara los pagos atrasados al gobierno filipino por el arrendamiento de los aeródromos de Clark y Subic Bay.

Observo que Sullivan no pidió al Congreso que suspendiera los pagos a Cuba por la base naval de Guantánamo, ni protestó por el flujo de drogas desde Cuba. Sullivan no mencionó el mayor campo de entrenamiento terrorista del hemisferio occidental, ubicado en Cuba en ese momento, una instalación que empequeñece los campos de entrenamiento de Libia y Siria.

Tanto Walters como Sullivan estaban bajo el control de la orden masónica más secreta, la "Orden de Sión", que toma decisiones cruciales en nombre de los miembros del Consejo Supremo del Rito Escocés que operan en varios gobiernos. A lo largo de nuestra historia secreta, la fuerza maligna de los masones-jesuitas ha dominado nuestro aparato de toma de decisiones, y esto es ciertamente tan cierto hoy como lo fue durante la Revolución Americana y la Guerra Civil.

Reagan estaba totalmente bajo el dominio de la masonería, actuando bajo las órdenes del CFR. Hay una serie de libros muy importantes sobre el Rito Escocés, muchos de los cuales son buenas fuentes de información:

En lo más alto de mi lista está *La historia del Consejo*

Supremo de los miembros del Grado 33, *Jurisdicción Masónica del Norte de los Estados Unidos* y sus antecedentes, por Samuel Harrison Baynard; *Historia del Consejo Supremo, Jurisdicción del Sur, 1801-1861*; y *Eleven Gentlemen from Charleston: Founders of the Supreme Council, Mother Council of the World*, ambas escritas por Ray Baker, y publicadas por el Consejo Supremo del Grado 33 del Rito Escocés Antiguo y Aceptado a sus expensas.

Baker fue el historiador reconocido del Rito Escocés en América, y según él, el Rito Escocés fue creado por comerciantes judíos y líderes religiosos judíos, que trajeron la patente de Francia en 1760, tras lo cual se aplicó en Charleston y Filadelfia. Sin embargo, según otros historiadores, a los judíos no se les permite ser miembros del Rito Escocés. Me parece muy difícil de creer, y lo considero una cortina de humo en torno a la cuestión de quién fundó realmente el Rito Escocés en los Estados Unidos. El rey Salomón ocupa un lugar destacado en los rituales masónicos, y sé que era de fe judía, así como uno de sus grandes magos. También sabemos que muchos de los rituales masónicos se basan en los ritos mágicos judíos practicados por Salomón.

CAPÍTULO 12

EL HISTORIADOR JOSÉ SOBRE LA MASONERÍA

El famoso historiador Josefo afirma que el rey Salomón escribió un libro de hechizos y conjuros utilizados en los ritos masónicos. El libro *La llave de Salomón*, que según Josefo fue escrito por Salomón, también es muy utilizado en la masonería. Sea cual sea el vínculo entre el rito escocés y el judaísmo, sabemos que algunos miembros de la oligarquía británica lo han adoptado.

Uno de los principales actores de la masonería en Estados Unidos fue Augustin Prevost, al que ya hemos mencionado, cuyos soldados saquearon Carolina del Sur durante la Guerra de la Independencia estadounidense. Prevost fue Gran Maestro de la Logia de la Perfección, establecida por Francken, uno de los grupos de comerciantes judíos que mencioné antes.

Fue Francken quien transmitió la patente del Rito Escocés a Augustine Prévost, quien a su vez ordenó a un compañero masón del ejército británico que estableciera una logia en Charleston. Uno de los parientes de Augustine Prévost, el coronel Marcus Prévost, se encargó de reclutar "leales a la Corona" para luchar contra los colonos.

Entre los "leales" se encontraban los antecedentes de muchos miembros del establishment liberal de la Costa Este, incluido el traidor McGeorge Bundy, uno de los más activos partidarios de la oligarquía y la realeza europeas que tenemos en la escena política actual, un hombre cuya lealtad a los Estados Unidos es muy cuestionable. Puede que los Prevosts suizos no sean muy conocidos porque nuestros libros de historia no dicen mucho sobre ellos.

Otro Prevost, Sir George Prevost, estaba estrechamente aliado con Albert Gallatin, el espía suizo-masón enviado a destruir América desde dentro. Sir George comandó una fuerza de invasión británica que en 1812 saqueó Washington e incendió la Casa Blanca. No cabe duda de que a los "blue blood" de Boston no les gusta que se les recuerden las fechorías británicas, que podrían estropear la "relación especial" si muchos estadounidenses se enteraran de ellas.

La Logia Madre del Mundo de Charleston extendió la patente del Rito Escocés a Francia en 1804, a Italia en 1805, a España en 1809 y a Bélgica en 1817. Uno de los "Once Caballeros de Charleston" era Frederick Dalcho, que ocupaba un cargo en la Iglesia Episcopaliana de esa ciudad y era el líder del "Partido Inglés" en Carolina del Sur. Nada ha cambiado mucho desde la época de Dalcho: la rama americana de la Iglesia de Inglaterra está plagada de masones del rito escocés.

Antes mencioné la afirmación de que los judíos no son admitidos en el Rito Escocés. Un notable miembro judío del Rito Escocés fue John Jacob Astor, que comenzó su carrera masónica en Nueva York, sirviendo como Tesorero de la Gran Logia de Nueva York. Fue Astor quien dio al traidor Aaron Burr, un masón de grado 33,

$42,000. Con este dinero, Burr pudo escapar tras el asesinato de Alexander Hamilton con la ayuda de un masón judío de alto rango, John Slidell de Nueva York.

Slidell se estableció en Charleston y Nueva Orleans, donde adoptó los modales de un caballero sureño. Estaba estrechamente relacionado con Aaron Burr. Los dos hombres urdieron un complot para apoderarse de Luisiana con la ayuda de algunos jesuitas de Nueva Orleans, pero el complot fracasó cuando fue descubierto por los patriotas leales a los Estados Unidos. En el momento de su traicionero intento de desmembrar la Unión, Slidell ocupaba un importante cargo en el gobierno. Le apoyó todo un grupo de compañeros masones. En su época, había cientos de masones en el gobierno de los Estados Unidos. Es dudoso que Vernon Walters y George Shallots encuentren compatible su juramento masónico con el juramento de lealtad a los Estados Unidos. Como dijo Cristo: "Nadie puede servir a dos amos".

Para aquellos que creen en el yoga, es interesante observar que la masonería lo promueve como un método para ralentizar y detener el flujo de pensamiento. A la masonería no le gusta que la gente piense. Esta información fue entregada al satanista Alastair Crowley por su protegido Alan Benoit, quien la obtuvo del famoso historiador masón Eckenstein.

Los rituales masónicos por debajo del cuarto grado se basan libremente en la enseñanza del yoga, pero dentro del Consejo Supremo de la Masonería, el yoga no se enseña ni se sigue de ninguna manera. Los Consejos Supremos tienen algunos secretos de verdadero interés para el mundo normal. Se sabe que Mazzini y Pike se comunicaban por telégrafo sin hilos mucho antes de que Marconi lo "inventara". Otro secreto sorprendente que guardan los miembros elegidos del Consejo Supremo es cómo hacer plata y convertirla en oro.

Esta fórmula fue demostrada a Lord Palmerston (padre del Primer Ministro inglés) y a Lord Onslow, un masón de grado 33, por un inglés llamado Price. Price afirmó haber recibido la fórmula secreta "de los espíritus". Probó su afirmación fundiendo mercurio con polvo blanco sobre una llama fuerte.

La mezcla fue analizada por expertos y se comprobó que era plata pura. A continuación se fundió la plata sobre la llama y se añadió un polvo rojizo. Se fundieron varios lingotes. Los expertos en plata y oro, presentes en todo momento, examinaron el nuevo producto muy de cerca y, tras probarlo in situ, declararon que era oro puro. El secreto permanece profundamente oculto por el funcionario electo del Consejo Supremo del Rito Escocés. En cuanto a Price, se dice que "se suicidó bebiendo cianuro".

¿Fue realmente un suicidio o un envenenamiento? ¿Cometió Price un error fatal al probar sus reclamaciones a Lord Palmerston, como parece muy probable? La muerte de Price no debería sorprender, ya que los seguidores de la masonería siempre han sido destructores más que creadores.

La industria siderúrgica estadounidense es testigo de ello. El Conde Guido Colonna no es un nombre conocido en América. De los cientos de miles de trabajadores del acero en paro, pocos habrán oído hablar de él. Este Colonna es un masón de la nobleza negra, que conspiró con un miembro de la nobleza negra francesa, el Conde Davignon, para destruir la industria siderúrgica americana. El éxito de esta conspiración puede juzgarse por las oxidadas y silenciosas acerías que salpican los estados del norte. ¿Quién dio la orden de proceder al plan de demolición?

La respuesta es los Guelph, más conocidos como la Casa de Windsor. Los güelfos son la piedra angular de la oligarquía mundial.

Si nos tomamos en serio el detener la destrucción de nuestras industrias, debemos empezar por arriba con los güelfos, especialmente los güelfos ingleses, que operan a través del Rito Escocés de la Masonería. La importancia única de esta antigua familia se pasa totalmente por alto en los estudios sobre "lo que está mal en la economía estadounidense".

Los Windsor gobiernan Gran Bretaña y Canadá, que no son más que sus feudos personales. La fuerza de los Windsor reside en su control de las materias primas del mundo y en su impresionante capacidad para despojar a los países de esas materias primas. Si investigas un poco, verás que en Canadá lo hacen con la madera, el petróleo y las pieles.

En Sudáfrica es el oro y los diamantes a través de los ladrones Oppenheimer Anglo American; en Zimbabue (antes Rodesia) es el mineral de cromo (el más puro del mundo) a través de Lonrho, una empresa propiedad de un primo de Isabel, la reina de Inglaterra; y en Bolivia es el estaño, a través de la empresa Río Tinto. (Ver *El Comité de los 300* para más detalles).

A los Windsor (güelfos) no les importa quién tiene el poder político en un país. A excepción de Rusia, todos los cargos son iguales para ellos. Siguen controlando los recursos naturales de la mayoría de los países. El Príncipe Felipe dirige las operaciones de varios grupos "medioambientales", que son vehículos apenas disfrazados para mantener a los "extranjeros" fuera de las reservas de materias primas de los Windsor. Este "conservacionista", presidente del Fondo Mundial para la Naturaleza, no tiene reparos en disparar a 1.000 faisanes en un fin de semana.

Gracias al Grupo Hambros, los ingresos de Windsor ascienden a miles de millones de dólares. El Grupo Hambros mantiene su sólida posición a través de una red de corredores de bolsa masónicos. Otras empresas dirigidas por los masones son: Shearson, Amex, Bear Stearns y Goldman Sachs, todos bajo el paraguas del Grupo Hambros, controlado en última instancia por los Windsor Guelphs de la nobleza negra veneciana.

Los güelfos están asociados a la masonería desde hace cientos de años. Sus vínculos con Inglaterra comenzaron con la dinastía veneciana de Corso Donati en 1293.

CAPÍTULO 13

LA GUERRA CIVIL AMERICANA FUE OBRA DE LA MASONERÍA

De principio a fin, la terrible guerra civil americana fue obra de la masonería. El relato de los masones no aparece en ninguno de nuestros libros de historia por razones obvias. Las familias anglófilas, que no se unieron a los colonos en la guerra contra Gran Bretaña, se establecieron en Nueva Escocia, desde donde ayudaron a los británicos durante toda la Revolución Americana. Más tarde, regresaron a Estados Unidos y continuaron la tradición de ayudar a la conspiración masónica británica contra la América republicana, que culminó en la Guerra Civil.

En este cruel desastre, Estados Unidos perdió 500.000 hombres, más que nuestras pérdidas en las dos guerras mundiales juntas. La Guerra Civil fue un complot masónico oligárquico británico-europeo para dividir el país en estados en guerra y luego recuperar lo que habían perdido en la Revolución Americana. En este empeño fueron hábilmente apoyados por una serie de traidores "americanos". El nefasto establishment liberal podría haber triunfado y los Estados Unidos no existirían hoy sin la notable labor de los patriotas americanos Clay y Carey.

Debemos aprender esta lección de la historia, aunque no

aparezca en la obra del historiador Charles Beard. La masonería nunca se rindió tras perder la guerra contra los colonos. Las cosas llegaron a su punto álgido en 1812, tras un largo periodo en el que la Armada británica apresó los barcos estadounidenses y encarceló a miles de marineros americanos. Los Kissingers de la época dijeron que no había nada que Estados Unidos pudiera hacer al respecto, y tenían razón. El enemigo mortal de la masonería suiza, Albeit Gallatin, había recortado nuestro presupuesto de defensa, dejándonos sin una verdadera armada. Armados con dos derrotas a manos de la joven República en menos de 150 años, los británicos se volvieron de nuevo contra los Estados Unidos vendiendo sus motores a reacción de flujo centrífugo Derwent a la URSS para su instalación en los aviones de combate MIG 15, que fueron utilizados para bombardear y ametrallar a las tropas estadounidenses en Corea. Sin el motor Derwent, los soviéticos habrían tardado al menos quince años en construir un avión de combate.

Al igual que hoy en día hay quienes desconfían profundamente de la "relación especial" entre los Estados Unidos y Gran Bretaña, después de haber visto lo que le ha hecho a nuestro país, en los días del Essex Junto hubo patriotas que vieron a través de los complots y esquemas de la masonería británica. Trataron de exponer la traición de Caleb Cushing y John Slidell.

Advirtieron contra las políticas económicas de "libre comercio" de la época, las mismas que permitimos que Milton Friedman vendiera a la administración "conservadora" de Reagan.

El libre comercio es un complot urdido por los masones británicos para destruir nuestra economía. Es hora de correr el telón de la historia de la traicionera nobleza negra veneciana vinculada a los ritos escoceses, como los piratas Sam y George Cabot y los Pickerings, que hicieron fortuna con la doble miseria del comercio de opio y de esclavos.

Los antepasados de McGeorge Bundy eran comerciantes de esclavos. Fue el masón John Jacob Astor quien permitió a los Pickerings entrar en el enormemente lucrativo comercio de opio en China. Hay que decir la verdad sobre todo el nido de víboras que se retuerce dentro de la Compañía Británica de las Indias Orientales, Loring, Adam Smith y David Hume. Fue Loring quien robó las raciones de los estadounidenses tomados como prisioneros por los británicos durante la Revolución Americana, que luego vendió al ejército británico con un enorme beneficio, dejando a los prisioneros estadounidenses morir de hambre en terribles barcos prisión.

Cuando leí por primera vez *La rama de olivo*, de Mathew Carey, no podía creer lo que estaba leyendo. Pero con los años he descubierto que todo lo que decía Carey era cierto.

Otro libro que recomiendo es *The Famous Families of Massachusetts*. Entre estas famosas familias se encuentran los descendientes de los Lorings, los Pickerings y los Cabots, descendientes de la red masónica creada originalmente en este país por el oligarca francés Cabot y el suizo Prevost.

El establishment liberal anglófilo de la costa este es la fuente de este tipo de cosas. Podría seguir hablando de los apellidos y su historia, que se ha hecho para ocultar. Su lealtad es a las familias reales y oligarquías europeas y británicas a través del Rito Escocés de la Masonería. Puede que consigan negar su historia, pero eso no cambia el hecho comprobado de sus estrechos vínculos con los centros de intriga masónica.

Hoy están en contacto indirecto con la Logia de las Siete Hermanas de París. Esta logia dirige una vasta operación de contrabando de drogas que llega hasta el corazón de las "cabezas coronadas de Europa". Creen, como Robert Holzbach, jefe del Rito Escocés de la Unión de Bancos Suizos, que "la soberanía no sustituye a la solvencia".

En otras palabras, el poder del dinero trasciende todas las consideraciones. Holzbach es un ejemplo típico del poder del dinero que enfrentó al Viejo Mundo con la joven República de los Estados Unidos. Holzbach colaboró estrechamente con la Logia Masónica Italiana P2, creada para trabajar por el retorno de la Casa de Saboya al trono italiano. Gracias a la red escocesa Rite-P2, no se protege la privacidad de nadie. El gobierno estadounidense tiene sus conexiones en estos círculos. Su cuenta numerada en un banco suizo puede ser ya conocida por el gobierno de Estados Unidos o por cualquier otra parte interesada. Esto es de conocimiento general, por lo que quienes tienen dinero que ocultar ya no se dirigen a los bancos en Suiza.

Aquellos que pertenezcan a la Iglesia Episcopaliana en América, sepan que su Arzobispo, Robert Runcie, es miembro del Consejo Supremo del Rito Escocés de la Masonería. Si no lo fuera, nunca habría sido "aprobado" como arzobispo por Elizabeth Guelph. Runcie es el interlocutor personal de la Reina Isabel y del Consejo Mundial de Iglesias.

La considerable influencia del Rito Escocés en nuestra historia pasada y en las decisiones importantes, nacionales y extranjeras, tomadas por cada administración estadounidense, puede medirse en términos de daño a los mejores intereses del país. Al igual que fue responsable de la planificación de la Guerra Civil, el Rito Escocés de la Masonería está planeando la Tercera Guerra Mundial. Si no hacemos un balance de las poderosas fuerzas que dirigen los asuntos estadounidenses, independientemente de quién ocupe la Casa Blanca, no tenemos ninguna esperanza de luchar contra el enemigo. La única manera de frustrar los planes de los traidores del Rito Escocés es exponer sus actividades.

Para ello, nuestros patriotas deben ser informados de lo que el Rito Escocés, y de hecho toda la masonería, representa, a saber, el derrocamiento del orden existente y la destrucción de los estados nacionales, especialmente aquellos con constituciones republicanas, la destrucción de la familia y la destrucción del cristianismo. Me resultó muy difícil separar este mensaje del que hice sobre la influencia de las familias oligárquicas y reales en nuestros asuntos. Le recomiendo que también consiga una copia de este libro, *King Makers and King Breakers: The Cecils,* y lo utilice junto con este libro sobre la masonería.

CAPÍTULO 14

CONSPIRACIÓN: UN GOBIERNO MUNDIAL

En un tema tan vasto como el de la sociedad secreta conocida colectivamente como Orden Masónica Libre y otros varios nombres, no es posible tratar exhaustivamente los orígenes de la masonería. Por lo tanto, el propósito de este libro es proporcionar material que le ayudará a entender mejor los eventos económicos y políticos que actualmente están sacudiendo el mundo, destacando el vínculo entre estos eventos satánicos destructivos y la masonería. Por favor, tenga paciencia, no se detenga aquí y escríbame diciéndome que usted es miembro de una u otra de las muchas órdenes masónicas y que sabe que los masones son una excelente sociedad filantrópica, que ha desterrado las cuestiones políticas y religiosas de sus discusiones y deliberaciones.

El problema es que los masones de grado inferior nunca saben lo que hacen los de grado superior. La propia naturaleza de la estructura del movimiento les impide saberlo. Esto hace que sea relativamente fácil para los altos dirigentes engañar a las bases sobre las acciones, los objetivos y las intenciones de la masonería. Y si por casualidad uno de los miembros de la orden inferior gravita hacia la cima, jura guardar el secreto bajo pena de muerte y no revelar nunca lo que sabe a los hermanos inferiores ni a nadie ajeno a la orden masónica. Este juramento de silencio se cumple estrictamente. Intentaré evitar mencionar los numerosos cultos y creencias religiosas asociados a la masonería y me ceñiré a los aspectos de la masonería inglesa y americana.

Según la mayoría de las autoridades en la materia, la masonería inglesa se estableció en 1717 como gremios de masones operativos o trabajadores, y abrió sus puertas a lo que se denominó masones especulativos, es decir, masones no trabajadores, creando así un movimiento combinado llamado las Grandes Logias inglesas. Los antiguos gremios de masones habían existido durante muchos siglos antes de 1717, pero no eran, repito, una fuerza política. Sólo se preocupaban de ejercer su oficio, de vivir de su arte y/o profesión en forma de taller cerrado, es decir, protegían sus secretos de la penetración exterior.

Los primeros masones, es decir, antes de 1717, sólo tenían tres grados: aprendiz, compañero y maestro masón. En el momento de la fusión, los masones del gremio permitieron que se produjeran grandes cambios, el primero de los cuales fue que el nombre del Dios cristiano se eliminó del ritual, la masonería azul, como se llamaba, era en ese momento un movimiento prácticamente nuevo y esto puso fin a la cooperación con los masones del oficio. En resumen, los masones especulativos no activos tomaron el control por completo y la antigua orden desapareció de la escena.

De esta nueva orden nació una nueva orden masónica militante y revolucionaria llamada Rito Escocés. Mientras que prohibió los rituales del Gran Oriente, es decir, la masonería europea, la masonería inglesa no prohibió el Rito Escocés y este ritual revolucionario se ha apoderado, como un virus mortal, de todas las células masónicas de Inglaterra y América para situarse en el asiento del conductor de todas las palancas de poder de la sociedad.

La mayoría de los miembros de la masonería inglesa permanecen en el tercer grado, generalmente ignorantes de los males perpetrados en su nombre en los grados superiores. Cuando se alcanza el noveno grado, la naturaleza revolucionaria de la masonería del rito escocés queda expuesta a los candidatos cualificados, ya que éste es su objetivo final: la subversión del estado a través de la masonería, tal y como se enseña en el grado 33, razón por la cual muchos masones del grado 33 han sido responsables de la disolución de los gobiernos existentes en muchos países.

Por ejemplo, en las revoluciones francesa y estadounidense, en la Guerra entre los Estados, y más recientemente en Zimbabue, donde un masón de grado 33, Lord Somas, traicionó a Zimbabue en manos de un tirano comunista, bajo el término fraudulento de "gobierno de la mayoría", y en la capitulación total de Sudáfrica por los masones al mando de Gran Bretaña y Estados Unidos.

Somas fue uno de esos "hombres decididos de la masonería" descritos por Disraeli, el Primer Ministro de Gran Bretaña y masón, cuando habló específicamente de las logias del Rito Escocés y del Gran Oriente diciendo:

> Hay que tener en cuenta las sociedades secretas que pueden desviar todas las medidas en el último momento, que tienen agentes en todas partes, hombres decididos a fomentar los asesinatos, etc.

Ciertamente no suena como la sociedad filantrópica que los masones dicen ser y, en verdad, no lo es. La pregunta que surge es: ¿por qué tenemos que tener sociedades secretas de todos modos? Estados Unidos se fundó sobre principios cristianos que establecen claramente "que los hombres prefieren las tinieblas a la luz para que sus malas acciones se oscurezcan". Esta, creo, es la verdadera razón de las sociedades secretas; fundamentalmente, sus acciones son malas. No hay otra explicación para la necesidad de mantener el secreto. No es necesario insistir en la sociedad secreta que dirigió la Revolución Francesa. Hoy en día, todos los historiadores coinciden en que fue el Club Jacobino Masónico.

Esto es lo que dijo una notable Gran Maestra del Supremo Consejo de Ritos Escoceses, Dominica Anger, al confirmar el grado 33 a los masones recién titulados que estaban a punto de recibirlo:

> Hermano, has completado tu formación como líder de la Masonería. Haz tu juramento supremo. Juro no reconocer otra patria que la del mundo. Juro trabajar en todas partes y siempre para destruir las fronteras, los límites de todas las naciones, de todas las industrias, no menos que de todas las familias. Juro dedicar mi vida al triunfo del progreso y la unidad universal, y declaro que profeso la negación de Dios y la negación del alma. Y ahora, Hermano, que para ti la patria, la religión y la familia han desaparecido para siempre en la inmensidad de la obra de la Masonería, ven a nosotros y comparte con nosotros la autoridad ilimitada, el poder infinito que tenemos sobre la humanidad. La única clave del progreso y la felicidad, las únicas reglas del bien son tus apetitos e instintos.

Eso, en pocas palabras, es la esencia de la Orden Francmasónica del Rito Escocés, que domina la masonería americana. Una de las cosas más interesantes del comunismo, la masonería y los jesuitas es que todos tienen una figura notable en la historia que los conecta: Karl Marx, el hombre que reivindicó las enseñanzas de Weishaupt como su "manifiesto" original.

Marx defendió ferozmente (y a menudo violentamente) a los jesuitas durante toda su vida. Marx es el hombre que hace la conexión. Marx también apoyó ardientemente a la sociedad secreta de los francmasones, lo que creo que es un vínculo importante "pasado por alto" por casi todos los historiadores. Esta negligencia es un proceso deliberado. No se puede negar que el socialismo se utiliza para promover el objetivo de un gobierno mundial, y es interesante observar que Marx, que odia abiertamente la religión, abrazó tan apasionadamente el jesuitismo.

Ignacio de Loyola fundó la Orden de los Jesuitas el 5 de abril de 1541, que posteriormente fue refrendada por el Papa Pablo XI. La Orden es en cierto modo masónica, ya que consta de seis rangos o grados, y el jefe de la Orden es conocido por su rango militar, es decir, un General, que exige una lealtad absoluta e incuestionable a todos los jesuitas y que, a su vez, asume un poder absoluto sobre todos los jesuitas en todos los asuntos. El General tiene la facultad de admitir abierta o secretamente a personas que no son miembros de la Sociedad. Los superiores y rectores deben informar al General cada semana sobre todas las personas con las que han tenido relaciones o contactos. Los jesuitas son un poderoso contrapoder para el Papa, una fuerza que nunca han dudado en utilizar, como en el caso de la Inquisición, de la que los jesuitas se han distanciado todo lo posible. Los papas siempre miraron con recelo a los jesuitas, hasta el punto de que en 1773 la orden fue prohibida. Desafiando al Papa, Federico II de Prusia protegió a los jesuitas por sus propios intereses.

En caso de que algún lector se oponga al vínculo establecido entre los jesuitas y la masonería, permítanme decir aquí que una de las mejores autoridades sobre el tema es probablemente Heckethorn, y citaré lo que dijo:

> Hay una gran analogía entre los grados masónicos y los jesuitas; y los jesuitas también pisan el zapato y desnudan la rodilla porque Ignacio Loyola se presentó así en Roma y pidió la confirmación de la orden.

No contentos con la confesión, la predicación y la instrucción, con las que habían adquirido una influencia sin precedentes, en 1563 formaron varias congregaciones en Italia y Francia, es decir, reuniones clandestinas en capillas subterráneas y otros lugares secretos. Los segregacionistas disponían de una organización sectaria con catecismos y manuales apropiados que tuvieron que abandonar antes de morir, por lo que se conservan muy pocos ejemplares.

Los jesuitas trataron de ayudar al Nuevo Orden Mundial apoyando fuertemente a gente revolucionaria como Karl Marx, quien a su vez defendió ferozmente a los jesuitas como dije antes. Otros notables que defendieron el jesuitismo y la masonería fueron Adam Smith, el jefe de espionaje de las Indias Orientales británicas, que fue utilizado para promover falsas teorías económicas, y su co-conspirador, Thomas Malthus. Ambos fueron protegidos por el masón del rito escocés, el conde de Shelburne, que fomentó las revoluciones francesa y americana. De hecho, lo que todos estos hombres, incluido Marx, defendían era el feudalismo, que fue destruido para siempre por la Revolución Americana.

Jeremy Bentham, un satanista adorador del diablo del calibre de Albert Pike, se opuso al republicanismo, al igual que todos los conspiradores masones y jesuitas de hoy. Las familias rentistas que gobernaban el mundo en la época de Bentham veían un peligro en la libertad del hombre a través de una forma de gobierno republicana, por lo que se propusieron utilizar todos los medios a su alcance para anular los grandes beneficios derivados de la Revolución Americana. Esta lucha con la masonería continúa hasta el día de hoy en 2009, pero ahora está en su fase final. Es significativo que los líderes de la Conspiración del Orden Mundial Único sean principalmente masones y, en algunos casos, jesuitas como Brzezinski, que también es acuariano. (Un miembro de la Conspiración Acuariana) Están en la vanguardia de la lucha para derrocar la República Americana, que es algo absolutamente odiado por la Nobleza Negra de Europa y los llamados aristócratas de América.

Las familias de la nobleza negra viven en Italia (Venecia, Génova y Florencia), Suiza, Gran Bretaña y Baviera. Aquí es donde se encuentran sus principales miembros y desde donde se han planificado y ejecutado todo tipo de crímenes contra la humanidad desde el siglo XIV .

CAPÍTULO 15

UNA VISIÓN GENERAL DE KARL MARX

Karl Marx fue de hecho una creación de una de estas antiguas oligarquías y proclamó que la Unión Soviética era una oligarquía. Estas oligarquías incluían a los Estados Unidos y declaraban al republicanismo como un enemigo mortal, que debía ser eliminado por todos los métodos disponibles.

Aunque Pike se declaró totalmente contrario a un sistema republicano con principios democráticos. Uno de estos métodos es el fanatismo religioso, asociado a la penetración de cultos y órdenes religiosas. Y no es sólo la forma de gobierno republicana la que quieren ver destruida. Desean que todo Estados Unidos vuelva a un sistema feudal en el que los "nobles aristócratas" del establishment oriental tengan plenos poderes dictatoriales.

No he conocido a ningún escritor de la "cultura de la conspiración" estadounidense que haya explicado satisfactoriamente el feudalismo. Los que han escrito sobre el tema sólo han demostrado su desconocimiento de su verdadero significado. Es con este espíritu que me aventuro a ampliar el feudalismo en su relación directa con la masonería.

Durante la Edad Media que gobernó Europa durante siglos, el individuo estaba indefenso. La preservación de la vida era el factor principal, y los hombres se comprometían en total servidumbre a los más fuertes de entre ellos, que a cambio los protegían de los que los depredaban. Los hombres fuertes se comprometieron con hombres aún más fuertes, y de ahí nació el sistema feudal. Los hombres se inscribían para servir en el ejército del grupo más fuerte durante periodos de tiempo determinados, por ejemplo, 50 días al año.

Esto condujo a la aparición de una clase guerrera que se convirtió en la nobleza. Necesitaban armas, caballos y lugares fortificados para protegerse, lo que era posible gracias a la mano de obra "gratuita". Las plazas fortificadas pasaron de ser empalizadas a ser sólidos edificios de piedra, imponentes en su diseño y ejecución.

Los canteros, los albañiles, los herreros y los trabajadores del metal debían dar su trabajo gratuitamente para construir estas superestructuras. La principal fuente de riqueza era la tierra y el trabajo de quienes la trabajaban para producir bienes que se traducían en riqueza. La condición del siervo cambió muy poco a lo largo de los siglos, algunos se convirtieron gradualmente en agricultores arrendatarios mientras hacían pagos al señor del señorío. Ni él ni su familia podían casarse sin el permiso del señor de la casa, lo que normalmente significaba el pago de un impuesto. Nunca fue un hombre libre.

La barrera siempre presente para su libertad era la ley que le obligaba a quedarse donde estaba. En otras palabras, no se le permitió moverse. Cuando murió, sus mejores animales de granja fueron a parar al señor de la mansión. Albert Pike y sus compañeros masones prometieron "completa libertad" a todos los que se hicieran miembros de la masonería.

Sin embargo, el amigo y colaborador más cercano de Pike fue Giuseppe Mazzini (1805-1872), el líder masónico italiano que no podía tolerar el sistema capitalista industrial. Mazzini era un satanista y también un sacerdote jesuita.

Mazzini fue el fundador de la Liga de la Joven Europa, que pronto abrió una rama en América llamada Joven América. Karl Marx fue uno de los primeros miembros de los movimientos radicales de la masonería de Mazzini a partir de 1840, por lo que está bastante claro que la masonería creó a Karl Marx como una figura revolucionaria que defendía a los trabajadores, con el fin de utilizarlo como garrote para golpear al capitalismo industrial hasta la muerte. Mazzini, el jesuita partidario de la masonería, lanzó de hecho la carrera de Karl Marx contra el capitalismo al reunir a notables masones comunistas y fundar la radical "Asociación Internacional de Trabajadores".

A partir de entonces, Karl Marx rara vez escapó a la mirada del público. Marx sólo desarrolló su odio al capitalismo industrial después de aquella fatídica reunión en Londres en la que se fundó la Liga Internacional de los Trabajadores, de la que Marx salió diciendo:

> Estoy decidido a aplastar todos los movimientos políticos del capital industrial allí donde los encuentre.

Marx también dijo:

> Todo el mal debe achacarse al desarrollo del capital industrial.

Marx nunca dejó de predicar este tema. Espero que el lector pueda discernir cuánto hemos sufrido por la duplicidad de la masonería y el jesuitismo. Ambos movimientos siguen en guerra con Estados Unidos.

Esto formaba parte de las intenciones anunciadas de los masones de alto nivel, como Pike y Mazzini; derrocar el orden existente, lo que Weishaupt se propuso hacer en 1776, y ordenó a los Illuminati. La palabra "imperialismo" fue acuñada en la Asociación Internacional de Trabajadores y comenzó a utilizarse con bastante frecuencia a partir de 1890. Debido a que Estados Unidos se ha convertido en la mayor nación industrializada del mundo y a su increíble potencial de crecimiento, se ha convertido en la nación más odiada, especialmente por su singular forma de gobierno republicano. Las familias de la oligarquía estadounidense han hecho todo lo posible para mantener ese clima de odio. Gran parte de lo que Marx llamó "americanismo feo" ha ganado terreno en todo el mundo. Por supuesto, a nadie se le ocurrió señalar que las ideas de Lenin eran lo más parecido a un sistema imperialista, siendo el comunismo nada más que un sistema de capitalismo estrecho basado en la oligarquía. Nunca fue un comunismo real y no lo es ahora. Se trata simplemente de un capitalismo de naturaleza monopólica brutal que conduce al poder total en manos de unos pocos hombres.

CAPÍTULO 16

VOLVER A LA HISTORIA

Quando era un joven estudiante, leí la historia de Augusto César de Tácito. Me llené de asombro. Pensaba que seguramente el pueblo romano entendería lo decadente que era y que Roma desaparecería pronto. ¿Por qué nadie hizo nada para detener la caída de Roma? ¿Por qué en Estados Unidos no vimos que Estados Unidos se estaba deteriorando? Seguramente el pueblo debe ver que el establishment liberal oriental y su alianza con la oligarquía británica están arruinando este país.

¿Debe el pueblo darse cuenta de que estamos en los últimos años de la República más maravillosa que el mundo ha conocido? La respuesta es que el pueblo estadounidense no es diferente de los romanos. ¡No ven nada de eso! Tampoco quieren ser molestados por gente como yo que intenta señalarlo. "Dejadnos en paz", dicen. "América no es la antigua Roma. Tenemos nuestra Constitución. Somos fuertes. No seremos derrotados".

Esa es precisamente la cuestión. Debido a que usted, el ciudadano estadounidense, tiene una Constitución, el establishment oriental lo ve como una amenaza que debe trabajar día y noche para eliminar. ¿Y qué pasó con nuestra Constitución, el mejor documento después de la Biblia? ¡Ha sido pisoteado y dejado de lado!

Diré con firmeza que he sido el único que ha llamado la atención sobre el vínculo entre la guerra de las Malvinas y el Eastern Establishment. También fui el primero, y durante mucho tiempo, el único que escribió sobre el Club de Roma, Felipe Gonzales, el informe Global 2000 y el multiculturalismo, como la Nueva Era de Acuario. Hoy en día, estos nombres se publican en muchas publicaciones de derechas, pero durante casi diez años, la única información sobre estos nombres procedía de mis archivos.

La Guerra de las Malvinas fue una guerra librada y en nombre de la nobleza negra británica y de Isabel Guelph, la reina de Inglaterra. América no tenía derecho a ayudar a estos enemigos de la verdadera libertad a triunfar sobre los argentinos. Sin embargo, proporcionamos a los británicos todo el apoyo imaginable en armas y sistemas de ayuda. Al hacerlo, ensuciamos nuestro propio nido, sin saber que John Quincy Adams redactó la famosa Doctrina Monroe para evitar tal acontecimiento.

La clase dirigente del establishment oriental, asociada desde hace tiempo a sus homólogos británicos, ha destrozado de hecho la Doctrina Monroe apoyando a los agresores británicos, alegando de hecho que con su odio a nuestra República, saben qué hacer con documentos como la Doctrina Monroe, y así lo hicieron durante la Guerra de las Malvinas, vertiendo desprecio y burlas sobre sus páginas, bajo la presidencia del "conservador" presidente Reagan.

Al despreciar la Doctrina Monroe, el establishment oriental, enemigo del pueblo estadounidense y de su gran República, también repudió la victoria de 1812 sobre los británicos por parte de la pequeña e inadecuada Armada estadounidense. Esta gran victoria naval estadounidense se produjo después de que el traidor de origen suizo, Gallatin (Secretario del Tesoro), hiciera todo lo posible para impedir la construcción de una Armada estadounidense. Gallatin estaba al servicio de la nobleza negra británica, suiza y genovesa y de sus familias de banqueros rentistas, e hizo todo lo que pudo para estrangular y ahogar a la joven República americana. Gallatin era todo lo contrario a John Quincy Adams y Benjamin Franklin.

Mientras John Quincy Adams y Franklin servían a Estados Unidos, Gallatin servía a las viejas familias feudales de Gran Bretaña, Venecia, Génova y Austria, exactamente de la misma manera que los presidentes Wilson, House, Roosevelt Stimson, Knox, Bush y Clinton iban a servir a los conspiradores mientras trabajaban para derrocar la República Americana a favor de un gobierno despótico y esclavista de un solo mundo.

Volvamos a la Guerra de 1812. Como consecuencia del extremo salvajismo ejercido contra su flota mercante por los buques de guerra británicos y sus sustitutos, los piratas de la Costa de Berbería, América acabó declarando la guerra a los británicos, pero no al Eastern Establishment. La pequeña armada estadounidense acabó derrotando a la poderosa armada británica. Finalmente, restablecida la paz, el Tratado de Amistad, Navegación y Comercio cedió las Islas Malvinas a España y luego a Argentina.

Por lo tanto, los argentinos tenían el título legal de las Islas Malvinas. Sin embargo, George Bush, George Shultz y Alexander Haig, servidores del establishment oriental, ignoraron la memoria de aquellos valientes estadounidenses que derrotaron a los británicos por segunda vez y, con su traición al ayudar a los británicos a invadir las Malvinas, hicieron trizas la Doctrina Monroe y esclavizaron una vez más a Estados Unidos a los feudales británicos y europeos. Y fue el presidente Reagan quien presidió esta profanación.

Sí, hemos excoriado los nombres de nuestros heroicos estadistas, John Quincy Adams y el presidente Monroe. No sólo permitimos que una fuerza británica beligerante entrara en nuestro hemisferio, sino que les ayudamos a derrotar a una nación amiga con la que habíamos firmado un tratado. Si hay alguien que todavía no cree que los británicos controlan América, le insto a que reconsidere cuidadosamente no sólo lo que le hicieron a Argentina, sino lo que le hicieron a nuestro propio país, los Estados Unidos. Los responsables de la violación de la Doctrina Monroe deberían haber sido juzgados por traición y castigados si se les declaraba culpables.

Traicionaron todo lo que representaba la República de los Estados Unidos cuando dejaron entrar a los británicos en nuestro hemisferio. Eso es lo que ocurrió. ¿Podría alguien haber visto lo que estaba sucediendo? ¿Podría alguien haberlo evitado? ¿Estamos tan ciegos como los romanos?

La respuesta en el segundo caso es que nadie en Estados Unidos, incluido nuestro Presidente, es lo suficientemente fuerte como para impedir que la Puta de Babilonia, el poder monetario del establishment oriental, haga exactamente lo que sus amos europeos le ordenan. Estamos siendo arrastrados por una marea que sube rápidamente, impulsada a gran velocidad hacia el día fatal en que seremos arrollados por un gobierno mundial único. No hay manera de detener esta marea que se precipita furiosamente. Incluso aquellos que, como yo, llevan años escribiendo sobre esto y saben exactamente lo que está ocurriendo, no pueden hacer mucho para detener la tragedia. Tan cierto como que Roma cayó, América caerá.

Estamos entrando en los últimos años de nuestra República. Pero pocos lo perciben, como afirma Tácito, ni César Augusto ni nadie se dio cuenta de que Roma estaba cayendo.

Los principales artífices de nuestra decadencia son los jesuitas masones y sus vínculos entrelazados con el Eastern Establishment americano y los nobles negros británicos, venecianos, genoveses y suizos. El complot de la Sra. Thatcher y de Henry Kissinger para traicionar a Estados Unidos mediante sus acuerdos secretos con Moscú lo demostró.

En caso de que piensen que mi creencia en la existencia de acuerdos secretos entre el establishment oriental y la URSS es irrelevante, déjenme decirles que uno de los peores traidores de la historia de la República Americana, McGeorge Bundy, un traidor de la llamada "sangre azul", creó uno de los primeros institutos de este tipo, el Instituto Internacional de Análisis de Sistemas Aplicados, en colaboración con el agente del KGB Alexei Dzhermen Gvishiani, que resultó ser el yerno del difunto Primer Ministro Alexei Kosygin (1904-1980). McGeorge Bundy es un firme partidario de la doctrina fatal de los masones maltusianos, que ahora está matando las economías de las naciones occidentales. McGeorge Bundy es miembro de la Orden Escocesa de los Masones, al igual que Kosygin.

McGeorge Bundy desempeñó un papel destacado en la oposición a todos los esfuerzos estadounidenses para lograr la paridad nuclear con la Unión Soviética y, junto con los participantes en la Conferencia de Desarme de Pugwash, casi todos ellos masones, causó un daño inestimable a las capacidades de defensa de Estados Unidos. Junto con Kissinger, Bundy se alió con los promotores de Pugwash del SALT, que sabía que en última instancia debilitarían a Estados Unidos.

Tanto McGeorge Bundy como Kissinger se vendieron a las mismas familias negras de la nobleza suiza, alemana y británica que combatieron a Washington en la Revolución Americana y en la Guerra de 1812, incluso cuando la nobleza negra masónica sigue combatiendo a la República Americana.

¿De dónde sacaron sus creencias e ideas antirrepublicanas McGeorge Bundy, Kissinger, Harriman, Rockefeller, Cabot, Lodge, Bush, Kirkland (el actual líder sindical, cuyo tatarabuelo disparó el primer tiro en Fort Sumter para comenzar la destrucción de la República), los Lowell, los Astor y todas las familias del Eastern Establishment?

La respuesta a esta pregunta es bastante fácil: el Conde de Shelburne (William Petty, 1737-1805), jefe del Servicio Secreto Británico y maestro espía, y quizás lo más importante, ¡jefe de la fanática y ultrasecreta Orden Escocesa de la Masonería! A este respecto, vemos de nuevo el papel vital que desempeña la masonería en la configuración no sólo de los asuntos de los Estados Unidos, sino de todo el mundo a medida que avanza hacia una sociedad llamada "gobierno mundial único".

Quién era este maestro conspirador, este Shelburne, que gobernaba los corazones, las mentes y las filosofías de aquellas familias eminentemente respetadas del "viejo dinero" en Boston, Ginebra, Lausana, Londres, Génova y Venecia, que se hicieron increíblemente ricas gracias al comercio de opio y de esclavos: me refiero a las familias William Pitt, Mallet y Schlumberger. Ciertamente,

Shelburne dominaba los corazones y las mentes de todo el establishment liberal del Este y de muchas, muchas otras familias supuestamente prominentes e influyentes.

La primera vez que mencioné a Lord Shelburne en mis escritos fue hace unos veinte años. En aquel momento, ninguna publicación o autor de derechas se había referido al autocrático sangre azul británico que lideró la oposición a la Revolución Americana.

Shelburne fue ante todo un masón del rito escocés con fuertes vínculos con los jesuitas de Inglaterra, Francia y Suiza. No sólo fue el controlador de William Pitt, el primer ministro británico, sino también de los terroristas Danton y Marrat y de los traidores del establishment oriental liderados por Aaron Burr, así como de Adam Smith, el espía británico de las Indias Orientales convertido en economista, y de Malthus, cuya marea de conceptos erróneos está arrastrando las economías de Occidente a la perdición.

CAPÍTULO 17

EL JEFE MASÓN SHELBURNE

Lord Shelburne es el hombre que más ha hecho por destruir los beneficios que la humanidad recibió como resultado del Renacimiento del siglo 15, y el que más ha traicionado los ideales cristianos tal y como los enseñó Cristo, nuestros ideales políticos sociales y morales, y nuestros conceptos de libertad individual plasmados en la Constitución.

En resumen, Shelburne es el padre casi histórico de la revolución, la esclavitud y la nueva era oscura que conduce a un orden mundial único. Shelburne odiaba y aborrecía el Renacimiento. Definitivamente era un fanático de los intereses especiales que creía que el hombre común sólo estaba en la Tierra para servir a la clase alta, a la que Shelburne pertenecía. También odiaba el capitalismo industrial y era un ardiente partidario del feudalismo, un ejemplo casi perfecto para Karl Marx.

Además, fue William Petty quien fundó la tres veces maldita Royal Society de Londres, precursora del Royal Institute for International Affairs, que controla la política exterior estadounidense, el Council on Foreign Relations de Nueva York. Tanto la Royal Society de Londres como sus descendientes, el Royal Institute for International Affairs y el Council on Foreign Relations de Nueva York, se basan en los escritos del erudito francmasón Robert Fludd y en el rosacrucismo jesuita.

Otros francmasones que controlaban la Royal Society eran Elias Ashmole y Lord Acton, ambos de muy alto rango en el liderazgo masónico. Estos hombres, juntos y por separado, controlaron las acciones del primer ministro británico William Pitt y John Stuart Mill, Lord Palmerston y hombres posteriores como H.G. Wells y John Ruskin (Ruskin fue el mentor de Cecil Rhodes y Lord Alfred Milner), así como los masones que dirigieron a los jacobinos al estallar la infame Revolución Francesa.

Fue Lord Milner quien lanzó la salvaje Guerra de los Bóers, lanzando el poderío del ejército británico contra las pequeñas repúblicas de los campesinos bóers. Él, como Shelburne, odiaba el republicanismo. Estos notables francmasones causaron una devastación incalculable, miseria, dolor y sufrimiento, y caos económico en todas las naciones, pero no olvidemos que fue William Petty, conde de Shelburne, cuyas enseñanzas los inspiraron y lo hicieron posible.

No olvidemos tampoco que William Petty, el conde de Shelburne, era, repito, ante todo un francmasón. Los 33 grados de los rituales masones enseñan que no hay Dios, pero hablan mucho de los antiguos cultos malignos. Mesopotamia y Egipto fueron las tierras en las que se practicaron estos cultos malignos, de los que informó el conde de Shelburne en Occidente y en los que se basan el Club de Roma y los acuarianos de hoy, han existido desde la antigüedad. No tuvieron ninguna consideración ni piedad con una madre cuyo hijo le fue arrancado por los sacerdotes de Baal para ser quemado vivo en los brazos de hierro de Molok como sacrificio en su honor.

Estas "sociedades de caza y recolección", como se denominan, todavía se encuentran hoy en día en algunas de las órdenes masónicas. Y no se equivoquen, los cultos son la encarnación misma de todo lo malo, cultos como el de Dionisio, al que pertenecen los poderosos jefes de la realeza europea, Magna Mater, Isis, Astarté, el malvado y vil culto caldeo, y el culto a Lucifer o el Lucifer Trust, recientemente llamado Lucius Trust, al que pertenecían Robert McNamara, Cyrus Vance, y muchos notables del Establishment oriental.

(Permítanme decir que hay muchos otros cultos a los que pertenecen muchos masones de alto rango - aquellos conectados con la orden del Gobierno Mundial Único - y los discutiré a medida que avance).

Pero antes de detallar lo que los masones de hoy en día están haciendo para lograr un Nuevo Orden Mundial-Utopía de la Era Augusta, quiero mirar hacia atrás a las figuras históricas masónicas de la Revolución Americana, la Guerra entre los Estados, comúnmente conocida como la Guerra Civil, y luego continuar con tiempos más recientes.

Espero mostrarles que una línea roja de odio hacia la República Americana ha recorrido nuestra historia durante más de 250 años, y que este odio es más fuerte hoy que nunca, cuando América entra en su fase final antes de que el crepúsculo de la nueva Edad Oscura se asiente oscuramente sobre la Tierra y todos sus habitantes restantes.

Antes de entrar en algunos de estos detalles, permítanme decir que el odio al cristianismo es aún más fuerte en 2008 que en la Edad Media. Vale la pena mencionar que hay muy poca diferencia entre los objetivos y las metas de los traidores masones del Eastern Establishment de hoy y las políticas del socialismo internacional. "Nuestros" traidores siempre han cooperado con sus homólogos de Venecia. De hecho, fueron los "sangres azules" de Estados Unidos y los aliados de la facción del Guelfo Negro en Europa, especialmente Lord Alfred Milner, el masón del Rito Escocés, quienes crearon a Vladimir Lenin.

Como he dicho antes, la revolución bolchevique no fue un movimiento oscuro que consiguió derrocar y esclavizar a una nación importante. Más bien, fue el resultado de la planificación y la conspiración de los masones, que comenzó en 1776 con la guerra contra la Iglesia católica dirigida por el jesuita Adam Weishaupt. No sólo el complot para comunizar a Rusia vino de Occidente, sino también la inmensa fortuna necesaria para llevarlo a cabo.

En cambio, cuando los colonos americanos se embarcaron en su lucha por liberarse del yugo de la servidumbre impuesta por Jorge III, ¡no contaron con el apoyo de nadie más que de ellos mismos! La Iglesia católica de Canadá, dominada por los jesuitas y que incluye a muchos masones, desempeñó un papel clave en la traición de la causa estadounidense durante la Guerra de 1776, al ayudar al traidor Aaron Burr, antiguo vicepresidente de los Estados Unidos, que me recuerda a muchos de nuestros anteriores presidentes.

Fueron los jesuitas católicos quienes organizaron el pasaje de Burr para que pudiera espiar para los británicos. Otra figura enviada a América por los jefes de estado británicos, suizos y genoveses fue Albert Gallatin, un masón que se abrió paso en la estructura de poder del nuevo país y se propuso destruirlo desde dentro. Su homólogo actual es

Paul Volcker, ex presidente de la Reserva Federal durante uno de los periodos más turbulentos de la historia de Estados Unidos, y ahora, en 2009, asesor económico del presidente Obama.

William Shelburne, el maestro masón, jefe de espionaje y cerebro de la Revolución Francesa, coordinó las actividades de todos los que participaban en la lucha para erradicar la peligrosa nueva República Americana antes de que se convirtiera en un modelo para el mundo. Entre estos enemigos estaba Robert Livingston, del Comité del Congreso Continental. Shelburne dispuso que el título de masón líder del Rito Escocés pasara de su Gran Maestro, William Walter, que estaba en el ejército británico en 1783, al nuevo Gran Maestro, Livingston.

Livingston fue nombrado Gran Maestro de la Gran Logia de Nueva York, cargo desde el que continuó trabajando para las familias de Londres-Venecia-Génova, que todavía hoy controlan las principales riquezas del mundo. En este nefasto círculo se encontraban los senadores Hillhouse, Pickering, Tracy y Plummer, todos ellos francmasones, que desempeñaron un papel destacado en el intento de persuadir a sus estados para que se separaran de la Unión. Como he dicho, todos ellos eran masones, al igual que su confidente y coautor del complot, el embajador británico en Estados Unidos, Anthony Mary. Cuando Burr, el Maestro Masón, fue expuesto como un traidor porque el complot para apoderarse de Luisiana para los británicos había fracasado, huyó a sus amigos masones en Inglaterra, al igual que Roberto Calvi huyó a sus amigos masones del Rito Escocés en Inglaterra. Sin embargo, a diferencia de Calvi, que fue asesinado por sus supuestos "amigos", Burr recibió una bienvenida de héroe por parte del conde de Shelburne. Por cierto, fue John Jacob Astor quien pagó el viaje de Burr.

Astor estaba totalmente de acuerdo con lo que creía Shelburne, es decir, con el culto satánico caldeo, un culto tan poderoso que en un periodo de la historia tuvo en su poder a todo el Imperio Persa. El culto caldeo está ampliamente condenado en la Biblia cristiana.

Familias de Gran Bretaña, Génova, Venecia y Suiza son descendientes de los que llevaron al francmasón Shelburne a aplastar la joven República Americana. Familias manchadas por el comercio del opio como Mallet, Pitt, Dundes, Gallatin, y en América, Livingston, Pickering, más el nido de traidores de Harvard, forman el núcleo de los liberales del establishment oriental y sus antecedentes que odian a América y tienen toda la intención de aplastarla, como Shelburne les ordenó hacer hace 250 años.

Uno de los más persistentes en esta empresa fue el "economista" inglés y principal masón, Thomas Malthus. Así como Marx fue creado por una conspiración jesuita-masónica europea, ellos crearon a Malthus.

Malthus era un espía al servicio de la Compañía Británica de las Indias Orientales, la organización colonial británica encargada de la recolección de materias primas y la liquidación de activos, comparable al actual Fondo Monetario Internacional. Pero la falsa premisa económica por la que Malthus se hizo conocido fue en realidad escrita por otro masón, el Conde de Ortes, de la familia bancaria veneciana Ortes.

La nobleza negra veneciana, enfadada por las actividades del estadounidense Benjamin Franklin, encargó y pagó al masón Ortes para que escribiera una refutación de la obra de Franklin. En esencia, Franklin apoyó el mandato bíblico de ser fructíferos y multiplicarse. Franklin argumentó que la prosperidad económica vendría de un aumento de la población. La nobleza negra, con su mentalidad de "cazador-recolector", creía que sólo una parte del rebaño común debía ser retenida para el servicio.

Creían en el genocidio, y de ahí derivaron las ideas del Club de Roma para la agenda Global 2000. Los escritos de Ortes en favor de las familias "nobles" eran muy antiamericanos y anti-Franklin, y sus ideas fueron retomadas, desarrolladas y ampliadas por otros francmasones, como el primer ministro William Pitt, y más tarde por Malthus, después de recibir una beca e instrucción del francmasón del rito escocés, Lord Shelburne. Malthus llegó a escribir su libro *"Sobre la población"*, en directa contradicción con la obra de Franklin.

CAPÍTULO 18

MALTHUS Y BENJAMIN FRANKLIN

Malthus odiaba la obra de Benjamin Franklin, que fue despreciado por las mismas familias que se encuentran en esta lista de traidores, "*America's 60 Families*", publicada por el masón Frederick Lundberg.

Estas familias se creen lo máximo en América. Creen que tienen el derecho inherente de decidir quién vive y quién muere y quién decide el destino de América.

Los descendientes de estas 60 familias lucharon con ahínco para destruir la República Americana y aplastar todo vestigio de ella. Sus antecesores están haciendo lo mismo hoy, continuando donde lo dejaron sus antepasados. Este absceso sectario debe ser extirpado del cuerpo de Estados Unidos si queremos sobrevivir, y cuanto antes mejor.

La mayoría de los estadounidenses con los que he hablado tienen poca idea del alcance de la humillación y la vergüenza que sufrimos durante la Guerra de las Malvinas, una vergüenza que seguimos sufriendo con la degradación de la guerra de Irak, y con razón. Deberíamos haber plantado cara a los masones británicos y decir "no, nunca traicionaremos la memoria de un gran patriota americano". En cambio, permitimos que los masones estadounidenses y británicos pisotearan la tumba de John Quincy Adams y celebraran su ritual de triunfo alrededor de su lápida. Lloré la traición de las Malvinas entonces, y lo hago ahora en 2009, con la traición de nuestro honor en la guerra de Irak. Es una de las páginas más oscuras de nuestra historia. No debemos olvidarlo. Debemos trabajar para expulsar a las familias oligarcas y a los controladores del destino de América de las Islas Malvinas y devolverlas a sus legítimos propietarios, el pueblo argentino. No debemos descansar hasta que la memoria de los 20.000 marineros de la flota americana, capturados y esclavizados por la marina británica antes de la Guerra de 1812, haya sido vengada.

Mientras permitamos que las "familias nobles" británicas gobiernen las Malvinas, no podremos volver a venerar el nombre y la memoria de un gran estadounidense, John Quincy Adams. Hasta que no lo hagamos, no nos atreveremos a llamarnos una nación cristiana temerosa de Dios. Las tres traiciones que más nos irritan son las Malvinas, Sudáfrica y Zimbabue. Yo, por mi parte, no puedo descansar hasta que los autores de estos crímenes queden impunes; crímenes que fueron planeados e implementados por elementos poderosos del movimiento francmasónico, y ejecutados por sus sirvientes americanos en el gobierno de los Estados Unidos.

Fueron las "60 familias", los ancestros de los liberales de la Costa Este de hoy, quienes lucharon contra la Revolución Americana y el Republicanismo y planearon y provocaron una tragedia tras otra en los años siguientes, no siendo la menor de ellas las Naciones Unidas dominadas por Satanás y dirigidas por una secta. Son estas familias y sus antecedentes los que nos han dado los cultos masónicos, gnósticos, brahmánicos, Illuminati, Isis, Osiris y Dionisio en lugar del puro Evangelio de Cristo.

Estos son los miembros del establishment liberal. La gente que nos dio la antigua y aceptada masonería clandestina del Rito Escocés (Americano), oficialmente establecida sólo en 1929, pero realmente fundada en 1761, y por lo tanto muy activa en su guerra contra la joven nación americana. Por cierto, diré que la famosa historiadora, Lady Queensborough, afirma que los ritos se basan en antiguos orígenes cabalísticos.

Albert Mackey, el hombre que estudió la masonería en detalle, dijo

> La masonería promete a los hombres la salvación mediante ceremonias inventadas por hombres, administradas por sacerdotes y habitadas por demonios. Es la suma y la sustancia de todas las falsas religiones de la tierra y finalmente las unirá contra Cristo. Pero el único oponente que la masonería teme es Cristo, que se negó a adorar a Satanás, y sus seguidores.

La "salvación" prometida por la masonería estuvo a punto de conducir al fracaso de la República Americana en 1812 y, en 1861, a la terrible Guerra entre los Estados, la llamada "Guerra de Secesión", que costó la vida a más de 400.000 personas, un hecho que nunca ha sido subrayado por los historiadores del establishment (los únicos que se permiten en Estados Unidos). Este terrible balance supera el número de soldados estadounidenses muertos en la Primera y la Segunda Guerra Mundial. Piensa detenidamente en este hecho y memorízalo, ya que nuestros llamados "historiadores" intentan esconder bajo la alfombra estas estadísticas vitales.

¿Y cuál fue la excusa para esta guerra fratricida entre los estados? Ostensiblemente, la guerra se libró para emancipar a los negros, pero la gran mayoría de nosotros sabemos ahora que hubo otras razones.

Es interesante observar que las familias esclavistas del Norte hicieron su fortuna con lo que condenaron. Combinaron el comercio de esclavos con el de opio a China, y así es como los nobles de sangre azul de Oxford, los graduados de Harvard y las familias "nobles" de Boston y sus alrededores amasaron sus fortunas, y es en este comercio de drogas en el que sus descendientes siguen involucrados hoy en día. Sin embargo, debo dejar de lado la esclavitud, el comercio del opio, los "olímpicos" y la "clase dirigente" empapada de drogas para llegar al tema principal.

Permítanme repetir de paso que todas las familias que se consideran la élite de las "familias reales" de América hicieron su dinero con el comercio de opio y de esclavos. Dígaselo al autor de *"Las sesenta familias de Estados Unidos"* y verá cómo se quita de en medio. El Sr. Lundberg, por supuesto, nunca soñaría con exponer a sus famosos clientes. Quiero pasar ahora a los acontecimientos posteriores a la Guerra Civil, que fue instigada y dirigida por una conspiración masónica de principio a fin, a través de personas como Caleb Cushing y Lloyd Garrison.

No hay duda de que los instigadores de la conspiración para destruir América, que culminó en la Guerra entre los Estados, eran todos masones del Rito Escocés en ambos lados del conflicto. Vale la pena mencionar de paso que el asesinato del presidente Lincoln también fue un complot jesuita-masón.

Estos francmasones aliados con las familias negras de la

nobleza veneciana, los Contarini y los Pallavicini, y la red de espionaje jesuita no podrían haber asesinado a Lincoln sin la connivencia de las familias del establishment oriental y la familia Cecil en Inglaterra. Así, la secta jesuita rosacruz de Robert Fludd triunfó sobre el pueblo estadounidense, su Constitución y su República, y se deleitó con el asesinato del Presidente como uno de sus "trofeos".

¿Cuál era entonces el motivo de la conspiración masónica para destruir los Estados Unidos y establecer un gobierno mundial? El motivo era el odio, un odio profundo y fanático al ideal de la república, a la idea de que los hombres podían liberarse de la servidumbre y del poder feudal ejercido por las antiguas familias venecianas, genovesas y británicas.

La idea misma de que, bajo una forma de gobierno republicano, los hombres son libres de desafiar cualquier decisión con la que no estén de acuerdo ejerciendo su derecho al voto, era totalmente repugnante para estos autoproclamados líderes. Creían, como todavía lo hacen, que el único derecho a decidir el destino del hombre común les pertenece. Por eso la religión cristiana, con su énfasis en la libertad individual, es el objetivo de su odio y por eso muchas de estas antiguas familias amaban el comercio de esclavos y de opio como aman hoy el comercio de drogas. El hombre no era ni es para ellos más que un esclavo al que hay que explotar. Como dijo una vez el príncipe Metternich: "Para mí, la humanidad comienza con los barones. Por cierto, Metternich era el héroe y modelo de Henry Kissinger. ¡Estas viejas familias pudieron hacer esto porque no creen en un Dios real y vivo! Es cierto que de vez en cuando hablan de boquilla de Dios y del cristianismo, como en el caso de la familia real británica. Pero no creen que Dios exista.

Más aún, esta fuerza entrelazada de las familias del establishment oriental, las familias bancarias jesuitas-escocesas-rosacruces de Venecia, Londres, Génova, Boston, Ginebra, Lausana, Berna, etc., odian con una obsesión casi violenta una sociedad mercantil basada en el crecimiento industrial y la tecnología, basada en el capitalismo industrial.

La fuerza motivadora, la razón de ser de la conspiración de un solo mundo, tal como la vemos en sus elementos visibles, a través del Club de Roma, la Sociedad Mont Pelerin, la Fundación Cini, los Bilderbergers, y la Comisión Trilateral, la Real Sociedad para Asuntos Internacionales, el Consejo de Relaciones Exteriores y los Acuarianos, es la destrucción de la religión cristiana en primer lugar, seguido por otras religiones (especialmente la musulmana) y el fin del crecimiento industrial, la destrucción de la tecnología y la vuelta al feudalismo y a la nueva edad oscura, todo ello acompañado de la enorme reducción de población que requieren sus planes, ya que los millones de "comedores inútiles" ya no serán necesarios en una sociedad postindustrial.

Entre mis muchas "primicias" se encuentran los trabajos sobre la Conferencia Interreligiosa de Bellagio, el informe Global 2000, la revelación de la existencia de la logia masónica más secreta, la logia Quator Coronati, y el Club de Roma, el crecimiento cero y la sociedad postindustrial; el complot para lanzar una guerra santa en Jerusalén, empezando por un ataque a la mezquita de la Cúpula de la Roca.

Otras revelaciones incluyen *Quién asesinó al presidente John F. Kennedy, La conspiración masónica P2, Quién mató al Papa Juan Pablo I*, el asesinato de Roberto Calvi y el papel de Haig en la invasión israelí del Líbano. Hoy en día, la conspiración de los masones como servidores de la Nobleza Negra y su "aristocracia" americana está muy avanzada. Como predije hace 20 años, las industrias del acero, la construcción naval, la máquina-herramienta y el calzado han sido destruidas; lo mismo está ocurriendo en Europa.

En cuanto al informe Global 2000, al negar los alimentos a las naciones hambrientas de África, han muerto millones de africanos negros. También han muerto miles de personas a causa del VIH/SIDA. Las guerras limitadas declaradas deseables y necesarias por el archi-satanista, el masón Bertrand Russell y el "Dr. Strangelove" Leo Szilard, y su culto al diablo Shakti Ishtar están en marcha en Irán, América Central, Sudáfrica, Oriente Medio y Filipinas, etc.

Mi respuesta es que la Biblia cristiana dice: "Dios los miró (a los preadamitas) y vio que no habían prosperado". Dios nos envió para ayudar a estas personas a cumplir su función en la Tierra, sea cual sea, y no tengo ni idea de cuál es, pero no para asesinarlas. Szilard y su amigo, Bertrand Russell, se lamentaban de que las guerras no se hubieran librado de suficiente gente, como describió Russell en su libro de 1923, *Perspectivas de la civilización industrial*, del que éste es un extracto:

> El socialismo, especialmente el internacional, sólo es posible como sistema estable si la población es estacionaria o casi. Un aumento lento se puede solucionar mejorando los métodos agrícolas, pero un aumento rápido debe acabar reduciendo toda la población.

Las falsas nociones de Russell se basan en los satánicos principios maltusianos, que a su vez se basan en el odio a los estados nacionales, al republicanismo y a un estado industrial capitalizado que opera sobre una base mercantil tradicional. En 1951, Russell escribió *The Impact of Science upon Society (El impacto de la ciencia en la sociedad)*, y he aquí algunas de las ideas más importantes que defiende este libro:

> La guerra ha sido hasta ahora decepcionante en este sentido (es decir, la reducción de la población), pero quizás la guerra bacteriológica podría resultar más eficaz. Si una Peste Negra (la peste de la Edad Media y el VIH) pudiera extenderse por el mundo una vez en una generación, los supervivientes podrían procrear libremente, sin que el mundo se llenara demasiado. El estado de las cosas puede ser desagradable, pero ¿qué pasa con él? Las personas de alto nivel son indiferentes a la felicidad, especialmente a la de los demás.

Russell, que se autodenomina pacifista, era un falso profeta de la masonería y el líder de la CND, la Campaña para el Desarme Nuclear.

Era la voz del profeta del Eastern Establishment jesuita, masón, rosacruz y miembro de la nobleza negra americana. Estos autodenominados líderes del mundo se están volviendo tan arrogantes que a veces no pueden mantener la boca cerrada. Nótese la referencia a la peste negra que arrasó el mundo en la Edad Media.

La peste no fue un "acto de Dios" ya que, por supuesto, Dios no es un asesino, aunque a menudo le culpamos de la muerte de las personas, pero en mi opinión, basada en 30 años de investigación, fue un acto deliberado por los antecedentes de los actuales "olímpicos", el "Club de los 300". No es una teoría descabellada.

LA MASONERÍA DE LA A A LA Z

Es cierto que aún no lo he probado, pero hay demasiados indicios y pajas en el viento como para ignorarlos. Al igual que el Dr. Leo Szilard es retratado en la película *Dr. Strangelove* como una ficción, los virus mortales que actualmente tienen los conspiradores y que son retratados en la película *The Andromeda Strain* también fueron retratados como una ficción en esa película. Pero no es ficción. No hay que olvidar que los alquimistas y la nobleza oscura llevan realizando experimentos médicos desde el siglo 14 .

Los virus mortales contra los que el medicamento milagroso miosina es totalmente ineficaz están actualmente almacenados en el CDC bajo la máxima seguridad. En contra de la versión oficial, no todos estos virus han sido incinerados.

Esto debería convencerte de que mis predicciones no son sólo palabras vacías. Veremos muchas más "plagas negras" en el siglo 21 - plagas nuevas y extrañas que no sabemos cómo llamar, así como nuevas y más mortales cepas de cólera, malaria y tuberculosis. Que nadie diga que no hemos sido advertidos de las pandemias que descenderán sobre la Tierra y se llevarán a millones de personas. Al fin y al cabo, los objetivos de los "300" están claramente establecidos. Basta con recordar las palabras de Aurelio Peccei, fundador del Club de Roma, que en 1969 dijo

"El hombre es un cáncer para el mundo".

CAPÍTULO 19

¿ES LA MASONERÍA COMPATIBLE CON EL CRISTIANISMO?

Durante siglos, la masonería ha intentado que el movimiento parezca totalmente compatible con el cristianismo. "Nada impide a un masón ser cristiano" es una de las afirmaciones más antiguas de la masonería. En este libro intentaré establecer comparaciones entre lo que yo llamo el cristianismo del Nuevo Testamento y su más formidable enemigo, la masonería. Las pruebas que he podido reunir proceden principalmente de familiares de masones y ex masones, que han hablado conmigo con la condición de no ser identificados. Los que rompen el juramento de secreto masónico saben que la pena máxima por tal transgresión es, en la mayoría de los casos, la muerte.

Se han escrito miles de libros a favor y en contra de la masonería. La Iglesia católica se ha mostrado firme y decidida en su oposición a la masonería. Lamentablemente, las iglesias protestantes no han estado tan unidas contra este peligroso enemigo como deberían haberlo estado. Me ocuparé aquí de investigaciones más recientes sobre la masonería. En 1952 encontré un libro muy interesante titulado *Darkness Visible*, de Walton Hannah.

Este libro tiene un valor incalculable para todo aquel que busque traspasar el velo del secreto que ha protegido a la

..

..x...

masonería durante tantos siglos. El mismo autor, Walton Hannah, publicó posteriormente un artículo titulado "¿Debe un cristiano ser masón? "Un masón dentro del cristianismo, el reverendo R.C. Meredith, aceptó este desafío a los secretos de la masonería. Con gran audacia, el reverendo Meredith desafió a la iglesia a demostrar que un masón también podía ser cristiano.

Meredith, que estudió en Oxford, era activo en los círculos de izquierda y participó en varios debates pro-izquierda que fueron muy populares en la década de 1930. Este fue el período de la historia británica en el que era chic ser socialista, cuando el socialismo fabiano estaba en pleno apogeo, cuando estaba de moda trabajar para la Unión Soviética, el mismo período que nos dio a Bulwer, Lytton, Alfred Milner y Kim Philby. El grupo de Milner acabó evolucionando hasta convertirse en lo que hoy se denomina Royal Institute for International Affairs (RIIA).

El reverendo Meredith propuso audazmente que se iniciara una investigación de la Iglesia Anglicana sobre la masonería. Su propuesta a la Asamblea de la Iglesia de 1951 decía lo siguiente:

> En vista de la amplia publicidad que se ha dado al artículo de Walton Hannah, es necesario que se nombre una Comisión, que incluya entre sus miembros a personas competentes en la ciencia de la religión comparada, para examinar las afirmaciones hechas por el Sr. Hannah en ese artículo, y que se dirija la atención de la Cámara de Obispos a todo lo que se expone en él.

Es muy interesante observar que Meredith se refiere a la masonería, incluso indirectamente, como una religión. Meredith estaba tan seguro de que su resolución sería aprobada, y de que la masonería sería exculpada por los cientos de masones de la jerarquía anglicana que ocupan puestos de poder en la Iglesia, que ni siquiera se molestó en imponer restricciones a la investigación propuesta. Esto era muy inusual. Cuando los masones permiten que la Iglesia investigue su sociedad secreta, suele ser con las más severas restricciones, de modo que el resultado de la investigación es una conclusión previsible: la masonería y la Iglesia cristiana son realmente compatibles. Desde la publicación del libro de Walton Hannah en 1952, ha habido una creciente preocupación en los diversos Sínodos Generales de la Iglesia Anglicana sobre la verdadera naturaleza de los juramentos masónicos, la necesidad del secreto como parte integral de la masonería, el verdadero papel de la masonería y el alcance de sus actividades generales y secretas. Quienes pretenden romper el cerrojo del silencio impuesto por la masonería y revelar sus oscuros secretos suelen citar al general Ludendorf. Más recientemente, la masonería ha sido descrita como una "especie de mafia" o "la única manera de progresar rápidamente para cualquier persona en el comercio o el gobierno".

Cuando se hicieron verdaderos progresos en este sentido, es decir, cuando las investigaciones de la Iglesia parecían tener éxito, los chacales de la prensa gritaron "caza de brujas". Hablar de la masonería en su verdadera luz, arrancar la máscara de la cara benigna de la masonería se convirtió en un negocio arriesgado. La masonería siempre ha respondido a las acusaciones de abuso con la excusa de que eran "sólo uno de los millones de malos ejemplos del bien que hace".

Nunca se habló abiertamente de los aspectos mafiosos y siniestros de la masonería, y por eso la masonería fue tan audaz con la resolución de Meredith; sabía que se aprobaría, y así fue. El libro de Stephen Knight de 1984, *La Hermandad; el mundo secreto de la masonería*, fue inmediatamente recibido con una reacción de este tipo. Críticos, literatos y religiosos calificaron este excelente libro de "mal investigado, lleno de datos no confirmados".

Intentar describir la masonería es una tarea tediosa. Podría decirse que es la mayor orden fraternal del mundo, con un número de miembros no oficial de casi 3,5 millones sólo en Estados Unidos. Se han escrito más de 50.000 libros y obras más breves sobre el tema desde 1717, cuando la masonería se reveló públicamente por primera vez.

Ha generado más odio que cualquier otra organización secular del mundo. Los hombres de fe mormona y católica no pueden unirse. Está prohibida en algunos países. La masonería fue declarada ilegal por Hitler y Mussolini y posteriormente por el general Franco. La Jerarquía Metropolitana de Londres es esencialmente masónica.

Entre los masones hay muchos reyes y potentados: Eduardo VII, Eduardo VIII, Federico el Grande, el rey Haakon de Noruega y el rey Estanislao de Polonia son sólo algunos ejemplos que me vienen a la mente.

Los presidentes de los Estados Unidos que prestaron el juramento masónico fueron: James Monroe, Andrew Jackson, James K. Polk, James Buchanan, Andrew Johnson, James A. Garfield, Theodore Roosevelt, William Howard Taft, Warren C. Harding, Franklin D. Roosevelt, Harry S. Truman, Lyndon Johnson, Gerald Ford y Ronald Reagan.

Entre los masones del ámbito musical se encuentran el

compositor de "St. Louis Blues" William Handy, John Philip Sousa, Gilbert y Sullivan, Sibelius y Wolfgang Amadeus Mozart, que fue asesinado por revelar secretos masónicos en "La flauta mágica".

Ninguno de los críticos del libro de Knight señaló que la masonería nunca confirma los datos relativos a su lado más oscuro, sus actos malvados y su efecto en el curso de la historia. Mazzini, en ocasiones, parecía confirmar algunos de los males y fechorías de la masonería en la geopolítica internacional, pero sólo en el contexto histórico, datos ya conocidos; siempre aludiendo a la influencia masónica en estos acontecimientos, pero nunca confirmando su papel de forma rigurosamente científica.

Para desacreditar la afirmación de Knight de que ejerce una influencia indebida en las altas esferas del gobierno y de la Policía Metropolitana, especialmente en el Departamento de Investigación Criminal (CID), y su afirmación de que más del 90% de sus detectives son masones, uno de los más altos funcionarios del Rito Escocés, Lord Hailsham, fue elegido por el Gran Consejo de Inglaterra para refutar las acusaciones totalmente correctas de Knight. El Lord Canciller de Inglaterra, haciendo uso del poder y la majestad de su cargo, escribió una carta al periódico *London Times*, ridiculizando y menospreciando la presentación de Knight. La oficina de patrocinio de Hailsham estaba abarrotada de "masones favorecidos". Debido a que alguien tan augusto como Hailsham había escrito a la venerable institución de The *Times*, el público aceptó que las negaciones de Hailsham en nombre de la masonería eran correctas y que Knight estaba equivocado. Las fundadas acusaciones de Knight fueron efectivamente refutadas. Es por este medio no tan sutil que la masonería protege a los suyos. Decir que Knight no ha presentado datos confirmados y que, por tanto, puede ser ignorado, es una prueba del poder y la omnipresencia de la masonería. Esto se aplica tanto a los Estados Unidos de América como a Italia, Francia y Alemania.

Ofreciendo el caso de Roger Hollis como prueba de la inexactitud de Knight, la masonería cita a Hollis, jefe del MI5 durante la Segunda Guerra Mundial, como masón. Hollis era, en efecto, un masón que entregó secretos militares vitales a la Unión Soviética. Fue objeto de un elaborado intento por parte de la masonería de suprimir la publicación de la obra de otro buen autor, Peter Wright, cuyo libro expuso la duplicidad de Roger Hollis.

Hollis fue un hombre que entregó secretos militares estadounidenses y británicos a los soviéticos, y fue masón durante la mayor parte de su vida. Sólo puedo mencionar brevemente a este hombre y su traición a los Estados Unidos y Gran Bretaña a la Unión Soviética.

Como Wright no podía ser desacreditado por las cartas al *Times*, el equipo de "James Bond" del SIS intentó silenciarlo, permanentemente. Wright huyó a Australia, donde fue protegido por gente de alto nivel. Wright hizo todo lo posible para que su denuncia de Roger Hollis se publicara en Australia, pero el largo brazo de la masonería escocesa llegó desde Gran Bretaña y, mediante el más dudoso y enrevesado razonamiento, el Fiscal General de Gran Bretaña fue a Australia para argumentar en los tribunales australianos contra la publicación del libro. Aunque la masonería lo niega y aduce la falta de pruebas documentales para apoyar sus negaciones, mi fuente más fiable en el Servicio Secreto Británico me dijo que la masonería de Gran Bretaña y Australia se unieron en un esfuerzo conjunto para detener a Wright. El libro se imprimiría en Canadá y, unos meses más tarde, en Australia. Esta vez los masones no lograron impedir que la verdad saliera a la luz.

Mientras tanto, en Londres, tres periódicos desafiaron la censura británica y comenzaron a publicar extractos del libro de Wright. La censura de prensa en Gran Bretaña se aplica de forma muy eficaz a través de lo que se conoce como "Avisos D". Si el Ministerio del Interior considera que un libro, relato o artículo es perjudicial para el Estado o no redunda en el interés del país, los editores, directores de revistas, periódicos, etc. reciben una "notificación D" que les impide publicar el relato en cuestión. Si no se cumple la "notificación D", el Fiscal General tiene derecho a procesar a los infractores y los tribunales suelen imponer penas severas.

Así es el derecho a la "libertad de expresión" y a la "libertad de prensa" protegido en Gran Bretaña. Tres periódicos londinenses han sido acusados de desobedecer la "notificación D" que recibieron y que les prohibía publicar la obra de Wright. El Fiscal General calificó su comportamiento en el ejercicio de su derecho a la "libertad de prensa" como una violación deliberada y flagrante de la ley. Todos los que se opusieron a Wright eran masones del más alto grado que buscaban proteger a un masón de grado 33 fallecido de la exposición total. "¿Poco documentado, sin datos confirmados? "Es posible, pero los hechos reales, que luego se convierten en historia, rara vez, o nunca, pueden ser "confirmados".

Todos conocemos la verdad sobre el asesinato de John F. Kennedy, y la conducta de su hermano Edward en Chappaquiddick. ¿Pero los "datos confirmados"? Están encerrados en archivos legales y registros judiciales durante los próximos 99 años. ¡Así es como funciona el establishment! Los masones no son diferentes. ¡Protegen a los suyos!

Tomemos el caso del comisario de policía de la ciudad de Londres, James Page. Los masones afirman que sus rápidos ascensos no pueden deberse al patrocinio masónico, ya que, según ellos, sólo se unió a la hermandad secreta después de ser comisario. Por supuesto, los secretos de la logia siguen siendo secretos de la logia. ¿Quién puede decir que Page se unió a los masones cuando aún era un joven policía? Sólo ex masones "desacreditados", que por supuesto son considerados mentirosos o algo peor. Parece que Page, si se cree en los precedentes, era miembro de la Logia mucho antes de convertirse en comisario de policía.

También está el caso de los agentes permanentes del gobierno en el corazón financiero del mundo, la City de Londres. Knight y otros, incluido yo mismo, somos muy conscientes de que sus miembros más influyentes son destacados masones. Sin embargo, cuando Knight se atrevió a nombrar a estos hombres, se le negó oficialmente, no porque no fueran masones, sino porque no habían asistido a las reuniones de la Logia Guildhall en las fechas que Knight mencionó.

Debido a su alto rango, se creyó a los masones y no a Knight, a quien se acusó de "graves inexactitudes". Hice una digresión sobre el tema de aportar "pruebas documentales y "datos confirmados" frente a los masones en posiciones de gran poder e influencia, que cierran filas cuando son atacados. Los miembros de la Logia Guildhall reaccionaron a la presentación del Sr. Knight sobre cómo la Hermandad de los Masones controla la ciudad de Londres y Westminster.

Knight ofrece una explicación convincente de cómo los registros de los masones de las logias inglesas de todo el mundo están "sellados" contra los investigadores. En el caso de Roger Hollis, los registros de los masones del Lejano Oriente estaban cerrados tanto para Knight como para Wright y bastó que la masonería negara que Hollis hubiera sido alguna vez masón para que ambos autores fueran desacreditados por "falta de datos confirmados". Al fin y al cabo, el público tiende a creer a Eduardo, el duque de Kent, antes que a autores relativamente desconocidos. Si la masonería fue capaz de deponer a Eduardo VII y culpar de su caída a la señora Wallis Simpson, fue relativamente fácil tachar las obras de dos excelentes autores de "inexactas y carentes de datos confirmados".

Otra muy buena exposición de la masonería es la exposición escrita y publicada por Walton Hannah, *Darkness Visible*, que ha sido atacada muy duramente no sólo por los principales miembros de la masonería bajo la jerarquía de la Iglesia Anglicana, sino también por los llamados críticos literarios y los autoproclamados "expertos" que defienden la masonería. Cualquier investigación sobre la procedencia de los textos y rituales de iniciación utilizados por la masonería sería el trabajo de toda una vida en sí misma y probablemente, incluso entonces, sería tildada de "falta de datos confirmados" por una Fraternidad de la Masonería unida y encorsetada contra cualquier revelación que pudiera dañar su imagen.

Mi extenso estudio de la masonería durante los últimos treinta años me ha enseñado muchas cosas sobre la "Fraternidad", sobre todo que para documentar completamente incluso los juramentos de iniciación, los textos y los rituales de iniciación se necesitarían los esfuerzos combinados de varios expertos verdaderamente acreditados en religiones comparadas. Así, por la propia naturaleza de una empresa tan vasta, la masonería siempre ha podido seguir envolviéndose en un secreto difícil de penetrar.

Es extremadamente difícil construir un caso contra la siniestra hermandad. Muchos lo han intentado con diferentes grados de éxito, pero en general, es cierto que a pesar de docenas de libros notables, que han expuesto la masonería por lo que es, la masonería ha salido relativamente ilesa.

Si se realizara un sondeo de opinión, y no esas encuestas fabricadas por profesionales con motivaciones políticas que hacen que los políticos sean elegidos, tengo razones para creer que el 70% del público en general diría que la masonería es una sociedad solidaria que hace mucho bien a la comunidad.

En un debate en la Asamblea de la Iglesia Anglicana en 1951, quedó claro que el trabajo "benévolo" y "caritativo" realizado por la masonería seguía siendo la primera impresión de la gente sobre la masonería. Hay varios libros que señalan que las "obras de caridad", como las colectas en la calle para diversas organizaciones benéficas, no son en realidad caridad en absoluto, ya que es el público, no la masonería, quien da el dinero. Si las logias masónicas dieran grandes sumas de dinero a organizaciones benéficas de forma pública y regular, su cara benévola podría no ser la máscara que realmente es. Es cierto que la mayoría de los ciudadanos informados nunca se plantean la pregunta "¿por qué permitimos que una sociedad tan secreta opere entre nosotros y qué ocurre tras sus puertas cerradas?".

No puede ser de otra manera, pues cómo podría la señora cuyo marido acude a las reuniones de la logia saber algo sobre las estrictas leyes de secreto de la masonería, los grados del oficio y el arco real, y mucho menos sobre la política de la omerta. Si tenía una mente inquisitiva y hacía preguntas de sondeo, su marido sólo le hablaría de los fastuosos banquetes y las actividades de recaudación de fondos para la beneficencia, pero además, no se enteraría de nada. No es de extrañar que la percepción pública esté tan lejos de la verdad sobre lo que es realmente la masonería.

CAPÍTULO 20

¿CUÁNDO, DÓNDE Y CÓMO SURGIÓ LA MASONERÍA?

L a literatura sobre la masonería llena los estantes de la mayoría de las bibliotecas públicas, salvo que no se dispone de libros de autores que se han acercado incómodamente a la verdad. Si uno pregunta al bibliotecario, las respuestas van desde "nunca lo hemos tenido" hasta "lo retiraron hace tiempo".

Hay muchos libros que pretenden demostrar que no hay ninguna conexión entre la masonería "moderna", el rey Salomón y los druidas. Estos "libros técnicos especializados sobre la masonería", como me los describió un bibliotecario, siempre arrojan una sombra sobre el vínculo entre la masonería y el antiguo culto egipcio de Isis, Dionisio, etc.

Incluso Walton Hannah es reticente, como científico, a comprometerse plenamente. En su libro, *Christians by Degrees*, Hannah afirma:

> Si, como lo hacen, los masones modernos pretenden ser los administradores y guardianes de los antiguos misterios de los que son legítimos herederos, todo lo que se puede conceder es que hay, de hecho, sorprendentes paralelos y similitudes, incluso en los signos y símbolos reales; El

simbolismo es, sin embargo, muy difícil de precisar y
dogmatizar, no es de extrañar que la masonería y los
misterios masónicos de hoy tengan grandes similitudes
con los misterios y religiones antiguas que tienen muchos
puntos en común con los misterios masónicos.

Las bibliotecas están llenas de libros que tratan de negar el
vínculo entre masones y rosacruces, mientras que el
estudiante serio de la masonería sabe que el vínculo es muy
fuerte. Sir Roger Besomt era un masón de alto grado del rito
egipcio y es un hecho bien establecido que ciertamente
estaba profundamente involucrado en la teosofía y el
rosacrucismo. Tomemos como ejemplo la familia real
británica. Muchos de sus miembros, entre ellos el Príncipe
Carlos y el Duque de Kent, participan en el rosacrucismo.
Nadie niega que ambos sean masones. La masonería nunca
ha dado una respuesta adecuada a las tres preguntas:
¿dónde, por qué, cuándo y dónde se originó la masonería?
Los masones siempre han negado categóricamente que
fueron creados para contrarrestar el cristianismo y que no
era una religión, pero sus negaciones se están agotando
como empezaremos a ver.

John Hamill, Maestro Apologista de la Masonería,
Bibliotecario y Conservador de la Biblioteca y Museo de la
Gran Logia, afirma:

> Las logias modernas son muy similares a las que existían
> en el siglo 17 .

Su idea de la historia masónica es la siguiente:

> La Gran Logia de Inglaterra se formó el 24 de junio de
> 1717, y una Gran Logia de Ancianos rival se constituyó
> formalmente en 1751; y que estas dos Grandes Logias

rivales se unieron el 27 de diciembre de 1713 para formar la Gran Logia Unida de Inglaterra, tal como la conocemos hoy.

Pero Hamill no nos dice por qué es necesaria una sociedad secreta.

* ❖ ¿Qué es la masonería?
* ❖ ¿Por qué los hombres buscan alcanzarla?
* ❖ ¿Cuál es la verdadera naturaleza de la organización cuyas obligaciones deben aceptar si se unen?

A pesar de los miles de libros que nos cuentan lo que es la masonería, todavía hay mucho sobre ella que no conocemos del todo. A principios de la década de 1850, la Gran Logia de Inglaterra publicó un folleto titulado "What every candidate should know" (Lo que todo candidato debe saber), que decía entre otras cosas

> La francmasonería es una sociedad de hombres históricamente relacionados con los masones operativos medievales, de los que derivan sus medios privados de reconocimiento, su ceremonial y muchas de sus costumbres. Sus miembros se adhieren a los antiguos principios del amor fraternal (una idea marxista - JC), la salvación y la verdad, no sólo entre ellos sino también en sus relaciones con el mundo en general y a través de preceptos rituales y ejemplos.

Si esto explica algo de forma verdaderamente significativa, confieso que su verdadero significado se me escapa. Sin embargo, el bibliotecario Hamill intenta dar una "explicación" más detallada al decir:

> El candidato a la iniciación aprende muy pronto en su carrera masónica que los principios fundamentales de la

masonería son el amor fraternal, la ayuda mutua y la verdad.

A continuación, intenta equiparar el marxismo con el amor fraternal afirmando:

> Amor fraternal en el sentido de promover la tolerancia y el respeto por las creencias e ideales de los demás, y construir un mundo que respete la tolerancia junto con la amabilidad y la comprensión. Cuidar, no en el sentido de dar dinero solamente o limitarse a él, sino en el sentido más amplio de dar caridad de dinero (pero nunca de ellos - JC) de tiempo y esfuerzo para ayudar a la comunidad en general. La verdad en el sentido de esforzarse por alcanzar altos niveles morales y conducir la vida -en todos sus aspectos- de la manera más honesta posible. En términos simples, a un masón se le enseñan sus deberes para con su Dios (cuyo Dios no se especifica - JC) y las leyes de su país.

Una explicación tan absurda de lo que es la masonería es, por desgracia, lo que cree la mayoría del público en general. ¡Cuando se señalan las excepciones más notables de este cuerpo de hombres supuestamente nobles, como la moralidad de algunos de sus más altos adherentes, sus contribuciones monetarias caritativas que no provienen de la masonería sino de donaciones públicas, su desprecio por la ley de la tierra, es decir, las revoluciones francesa y bolchevique, uno se encuentra con negaciones categóricas o, como en el caso de Roberto Calvi, el hecho de que se trata de una "notable excepción" que probablemente ocurra una vez por siglo! Todos los portavoces de los masones niegan que la sociedad secreta sea una religión. En 1985, la Junta de Propósitos Generales de la Gran Logia Unida publicó un folleto titulado *Freemasonry and Religion*.

Entre otros rechazos, la Comisión afirma lo siguiente:

La masonería no es una religión ni un sustituto de la religión. La masonería no tiene los elementos básicos de una religión, pero está lejos de ser indiferente a la religión.

Sin interferir en la práctica religiosa, espera que cada miembro siga su propia fe y anteponga su deber con su Dios, sea cual sea su nombre, a cualquier otro deber. Por lo tanto, la masonería es partidaria de la religión.

Un grupo de trabajo de la Gran Logia declaró además:

La masonería sabe que sus rituales no equivalen a la práctica de una religión.

Es difícil imaginar una mentira más audaz y descarada. La masonería no es sólo una religión, es también y sobre todo una religión anticristiana que pretende destruir el cristianismo.

❖ ¿Cómo puede la masonería justificar su pretensión de no ser una religión cuando sus rituales están centrados y basados en altares, templos y capellanes?

❖ ¿Por qué se recitan oraciones, como la indicada explícitamente como tal en la literatura masónica, en el ritual de emulación de primer grado?

Veamos esta oración "no religiosa":

Concede tu ayuda. Padre Todopoderoso y Supremo Gobernador del Universo, a nuestra presente Convención y haz que este candidato a la Masonería consagre y dedique su vida a Tu servicio para convertirse en un verdadero y fiel hermano entre nosotros. Concédele la destreza de Tu divina sabiduría, para que, ayudado por los secretos (énfasis añadido) de nuestro arte masónico, pueda desplegar mejor las bellezas de la verdadera bondad para el honor y la gloria de Tu Santo Nombre.

Si no es la religión, entonces nada en este mundo lo es. La pregunta que hay que responder es "¿qué tipo de religión es la masonería? ".

En el Segundo Grado, hay una verdadera oración, que se formula así:

> Imploramos que continúe tu ayuda, oh Señor misericordioso, en nuestro nombre y en el de los que se arrodillan ante Ti. Que la obra iniciada en Tu Nombre continúe para Tu Gloria y se establezca cada vez más firmemente en nosotros mediante la obediencia a Tus preceptos.

¡El hecho de que el Dios al que rezan los masones es Satanás se oculta cuidadosamente a todos los masones excepto a los que alcanzan el grado 33 ! El nombre de Jesús siempre se excluye muy específicamente. Como dice Cristo nuestro Señor en sus Evangelios:

> El que no está a favor de mí, está en contra de mí.

Hay otra oración en el tercer grado que invoca la bendición de Dios y del Cielo sobre el nuevo miembro:

> Dios todopoderoso y eterno, arquitecto y maestro del universo, por cuya voluntad creadora todo fue hecho.

La masonería es muy cautelosa en el sentido de que, aunque hace un uso liberal de las oraciones cristianas, que se reconocen fácilmente como tales, evita escrupulosamente cualquier referencia cristiana. Con esta singular acción de excluir el nombre de Cristo de sus "oraciones", la masonería niega la propia existencia y autoridad de Jesús. Si, como afirman los masones, no es una religión, tanto mejor; pero

¿por qué copiar las oraciones cristianas y eliminar absolutamente el nombre de Cristo? ¿No indica tal conducta que la masonería es anticristo?

Creo firmemente que la masonería representa un comportamiento anticristo, y además, ¡esta es la respuesta a la pregunta de "por qué" se estableció la masonería en primer lugar! En apoyo de mi afirmación de que la masonería es una religión anticristo, ofrezco la ceremonia de apertura de la Oración del Arco Real que dice lo siguiente:

> Dios todopoderoso, a quien todos los corazones están abiertos, todos los deseos son conocidos, y a quien ningún secreto está oculto, purifica los pensamientos de nuestros corazones por inspiración de tu Espíritu Santo, para que podamos amarte y magnificarte perfectamente.

Cualquier miembro de la Iglesia Anglicana reconocerá al instante esta oración totalmente cristiana. El significado de esta particular "oración masónica" es que las muy importantes palabras "por Jesucristo nuestro Señor" son eliminadas.

Cristo dijo que los que lo niegan son anticristos. Al eliminar el nombre de Cristo de esta oración, los masones demuestran su desprecio por Cristo. Por lo tanto, deben contarse entre las fuerzas anticristo de Satanás.

La ceremonia de clausura del Arco Real también hace uso de una conocida oración cristiana, a saber, "Gloria a Dios en las alturas en la tierra, paz a los hombres de buena voluntad", pero omite mencionar que estas palabras están tomadas del Evangelio de Nuestro Señor Jesucristo. En mi opinión y en la de muchos estudiantes serios de la masonería, los ejemplos anteriores de actividad religiosa niegan la afirmación de la masonería de que no es una religión, y demuestran al mundo que sí lo es.

La Gran Logia respondió a un desafío mío diciendo:

> ... no siendo la masonería una religión ni un sustituto de ella, no hay razón para que el nombre de Cristo sea mencionado en sus rituales.

Seguramente la respuesta a esta negación es hacer otra pregunta: "Si lo que decís es correcto, que la masonería no es una religión, ¿por qué entonces habéis tomado oraciones de la Biblia cristiana, por qué os referís constantemente a templos y altares, y por qué, mientras utilizáis frases de la Biblia cristiana, negáis la existencia misma de Jesucristo borrando su nombre de cada una de las oraciones que habéis copiado de él? "Nunca hay duda de que las "oraciones" masónicas se basan frecuentemente en las liturgias cristianas. ¿Por qué entonces la masonería niega ser una religión, y por qué la masonería elimina asiduamente el nombre de Cristo de sus oraciones copiadas de los cristianos?

Las oraciones son una parte integral de los rituales masónicos, así que ¿cómo puede la masonería negar que es una religión? Los masones afirman que sus oraciones no contienen ningún elemento de culto. Sin embargo, el jefe de ceremonia se llama "Worshipful Master"[6] y le dejo a usted decidir si las oraciones masónicas que he citado no son actos de culto? Nadie, con la posible excepción de Alicia en el País de las Maravillas, puede creer que las oraciones

---

[6] Venerable Maestro, NDT.

masónicas sean distintas del "culto". Lo que plantea otro punto vital...

Incluso si la insistencia de los masones en tales distinciones entre "oración", "culto" y "no religión" pudiera aceptarse, lo que claramente no puede, la omisión deliberada del nombre de Cristo y de los Evangelios de Jesucristo de los que se derivan sus "oraciones", así como la omisión de la creencia cristiana fundamental de que nadie puede llegar a Dios sino a través de nuestro Señor Jesucristo, es una afrenta a la religión cristiana.

Niegan la divinidad de Cristo. No hay duda de ello. ¿Cómo es posible entonces que hombres que dicen ser cristianos sean también masones? Cristo dijo que "no se puede servir a dos señores". Al aceptar el ritual masónico, los masones también están negando su existencia. De ello se deduce que no se puede estar a favor de Él, estando en contra de Él.

Es absolutamente imposible que la masonería niegue que no es "ni una religión ni un sustituto de la religión". Las pruebas de lo contrario son abrumadoras. Los defensores de la masonería tampoco pueden aportar pruebas de que al excluir el nombre de Cristo no lo están rechazando, pues no se trata de una mera exclusión deliberada, sino de un insulto deliberado por omisión. Los apologistas masónicos nos dicen que "nuestras oraciones no son actos de culto, sino simplemente una petición de bendición en la apertura de nuestros rituales y un agradecimiento al final por las bendiciones recibidas". ¿En qué se diferencia del culto religioso?

El hecho evidente es que no es así. Los rituales masónicos invocan repetidamente el nombre de Dios, a menudo en términos distintivos, como Gran Arquitecto del Universo (como en el Primer Grado); Gran Agrimensor (Segundo Grado); el Altísimo, el Todopoderoso y el Dios Eterno (Tercer Grado); el Ser Supremo. GAOL) (Gran Arquitecto del Universo). ¿Quiénes son estos dioses?

¿La masonería rinde culto a un Ser Supremo, o como a veces se dice, sólo a la creencia en un Ser Supremo? No habría rituales masónicos sin la implicación de un nombre divino. El folleto masónico al que me he referido anteriormente, *Freemasonry of Religion* publicado por el Masonic Board for General Purposes, glosa al Dios masónico afirmando:

> Los francmasones se unen en el respeto común al Ser Supremo, ya que éste sigue siendo supremo para sus respectivas religiones individuales y no es tarea de la masonería unir las religiones.

Dado que el mundo occidental es cristiano, les guste a algunos o no, la masonería debe tener grandes problemas con un servicio interreligioso neutral. Como cristianos, no podemos escapar a la esencia de nuestra religión, a saber, que Cristo es preeminente como Hijo de Dios. La masonería afirma que no desea "ofender" a otras religiones. ¿Cómo lo hace si excluye el nombre de Cristo? ¿Lo excluye para no ofender a la masonería judía exclusivista de B'nai Brith (Hijos de la Alianza)? Durante cientos de años, la masonería ha procurado no "ofender" a otras religiones, pero no duda en ofender a los cristianos excluyendo el nombre de Cristo de sus oraciones rituales.

Los servicios "interconfesionales" sólo pueden tener éxito cuando el cristianismo pasa a un segundo plano. Se deduce, por tanto, que los cristianos no pueden ser masones; o bien deben aprobar la devaluación del cristianismo, o bien deben renunciar a la masonería. Antes de que los masones alcancen las alturas exaltadas de los grados superiores, muchos creen que al rezar están rezando al Dios de su religión. Pero una vez que han llegado a la "tienda cerrada" de la jerarquía masónica, no hay duda de que sus oraciones se dirigen expresamente a Satanás.

El cristianismo no tiene secretos. Cualquiera que sepa leer puede leer el alegre evangelio de la buena nueva de la llegada del Mesías. ¿Por qué los masones consideran tan necesario el secreto? El credo masónico y los rituales que lo acompañan están llenos de "contraseñas secretas".

¿Por qué habría de ser así, a menos que se trate de un engaño? A menudo escuchamos "palabras compuestas", "soy y seré".

La masonería dice que no está obligada a apoyar al cristianismo. ¿Por qué, entonces, la masonería toma prestadas tantas señas de identidad del cristianismo, si no lo apoya? Las ceremonias del Arca Sagrada, quizás más que cualquier otra ceremonia, utilizan "palabras sagradas". La pieza central de las ceremonias del Arca Santa es el pedestal -el altar- en cuya cima aparecen las "palabras sagradas". Está claro que, a pesar de sus protestas en contra, la masonería es una religión cuando se produce la declamación de las palabras sagradas. Aquí es indiscutible que la masonería es una religión opuesta al cristianismo.

Veamos el Ritual del Arco Real, que es la culminación de lo que se conoce como "Masonería Artesanal".

Está íntimamente involucrado con todo lo que es más cercano y querido para nosotros en un estado futuro de la existencia; los asuntos divinos y humanos están tan terriblemente y minuciosamente entrelazados en todas sus disquisiciones. Tiene por objetivo la virtud, por objeto la gloria de Dios, y el bienestar eterno del hombre es considerado en cada parte, punto y letra de sus inefables misterios. Baste decir que está fundado en el Nombre Sagrado, J----h, que fue desde el principio de la historia de la humanidad, es ahora y seguirá siendo uno y el mismo para siempre, el Ser necesariamente existente en y por sí mismo en toda su perfección efectiva, original en su esencia.

Este grado supremo inspira a sus miembros las ideas más elevadas de Dios, los conduce a la piedad más pura y devota, a la veneración del incomprensible J----h, el eterno gobernante del universo, la fuente elemental y primordial de todos sus principios, el origen mismo y la fuente de todas sus virtudes.

La palabra "misteriosa" "J----h" es Jabulon, un nombre "sagrado". Es una palabra compuesta e intercambiable con Jehová.

No hay duda de que la masonería es una religión cuya función principal es constituir un contrapoder secreto a la religión cristiana, un orden revolucionario, capaz de controlar los acontecimientos políticos.

CAPÍTULO 21

LA MASONERÍA Y LA FAMILIA REAL BRITÁNICA

Además de lo anterior, descubrimos que la masonería tiene los llamados grados cristianos, como la Cruz Roja de Constantino, la Rosacruz, que es muy importante en las leyendas masónicas.

Para obtener el rango de Rosacruz (del que es miembro la Familia Real Británica), hay que haber sido miembro de los diecisiete grados del Rito Antiguo Aceptado de la Masonería. Se dice que el duque de Connaught y el duque de Kent son miembros de ambas órdenes. El duque de Connaught fue maestro de la Gran Logia de Inglaterra durante veinte años. Otros miembros de la familia real en esta logia son Eduardo VII.

Según una carta escrita por el Gran Secretario el 5 de agosto de 1920, Jorge Ier y Jorge III, que era rey en la época de la Revolución Americana, pertenecían a la Gran Logia de Inglaterra. Según la citada carta:

> ... Todo el que entra en la masonería es invitado, desde el principio, a no aprobar ningún acto que pueda tender a subvertir la paz y el buen orden de la sociedad.

Esto es sorprendente si se tiene en cuenta que el conde de

Shelburne, miembro de la Gran Logia, entrenó a Danton y Marat, antes de soltarlos en Francia para sembrar el caos de la Revolución Francesa. Ser miembro de la Gran Logia no salvó al rey Eduardo VII, cuando sus compañeros masones decidieron deshacerse de él antes que arriesgarse a no entrar en guerra con Alemania en 1939. De nuevo, observamos la fuerte alusión a la religión. "Toda logia inglesa, en el momento de su consagración, está dedicada a Dios y a su servicio; nadie puede convertirse en masón hasta que haya declarado su fe en el Ser Supremo", escribió el Secretario General en 1905. La masonería volvió a pasar a la ofensiva en 1938 debido a la creciente preocupación por sus actividades. También en este caso, la fe en el Ser Supremo era primordial.

El Secretario General afirmó en su declaración de 1938:

> La Biblia está siempre abierta en las logias. Se llama el Volumen de la Ley Sagrada. Cada candidato debe forjar su adhesión en este libro, o en el volumen que su creencia particular considere que confiere santidad a un juramento o promesa hecha sobre él.

Esto implica que la Biblia no es probablemente el único "volumen sagrado" expuesto. La Biblia tiene un propósito puramente decorativo y está ahí para los miembros de los grados inferiores (del primero al cuarto). Como todos los estudiosos serios de la masonería saben, las sociedades secretas se pusieron de moda en el siglo 17, del mismo modo que estaba de moda ser socialista a finales de los años 20 y principios de los 30. Hasta abril de 1747, los masones seguían desfilando por las calles de la ciudad, pero por orden del Gran Maestre, pasaron a la clandestinidad. Ya en 1698 circuló un panfleto titulado "A todas las personas piadosas de la ciudad de Londres", en el que se instaba a los lectores a no dejarse llevar:

> ... para que os cuidéis de que sus ceremonias secretas y sus juramentos no se apoderen de vosotros, y para que veáis que nadie os aparta de la piedad, pues esta secta diabólica se reúne en secreto. En efecto, los hombres deben reunirse en lugares secretos y con signos secretos, cuidando de que nadie los observe para realizar la obra de Dios.

¿A qué "secretos" se refería el folleto? Eran los mismos entonces que ahora, signos, apretones de manos y palabras utilizadas para demostrar la pertenencia. Se dice que estos signos secretos proceden de los albañiles medievales, que juraban no transmitir nunca sus conocimientos a los "extraños" y se reconocían como compañeros de oficio por ciertos apretones de manos, etc. Nada ha cambiado. Aunque es poco probable que los canteros formen parte de la masonería hoy en día, sus apretones de manos siguen siendo el principal signo de reconocimiento. Pero la masonería actual es más que eso; es una sociedad secreta muy siniestra en la que los miembros se comprometen a guardar el secreto mediante juramentos mortales del tipo más aterrador.

Está claro que ninguna sociedad cristiana impondría un código de silencio amenazando a sus miembros con una muerte horrible si se rompe el código. La masonería puede engañar a los miembros de los grados inferiores haciéndoles creer que se basa en el cristianismo, pero en 1723 el Dr. James Anderson, un ministro masónico presbiteriano, dijo:

> Por lo tanto, se consideró más conveniente obligarlos (a los miembros de la Hermandad) a adherirse a esa religión que todos los hombres aprueban, dejando sus opiniones particulares para ellos mismos.

En 1813, la Gran Logia declaró su posición de la siguiente manera:

> Cualquiera que sea la religión o el modo de culto de un hombre, no está excluido de la orden, siempre que crea en el glorioso arquitecto del Cielo y de la Tierra y practique el sagrado deber de la moralidad.

Así se ha establecido una visión global de las religiones, que está totalmente en guerra con el cristianismo.

Este concepto es anticristiano porque supone que todas las religiones pueden resumirse en un concepto global del Gran Arquitecto. Cristo condenó específicamente este enfoque.

Por lo tanto, se puede concluir que la masonería no es compatible con el cristianismo y que, de hecho, es una religión contraria al cristianismo.

En 1816, se eliminó todo lo que pudiera existir de la religión cristiana en la masonería, para promover el concepto de un Dios universal que permitiera a los hombres de todas las religiones participar en los rituales de las logias. El Dr. James Anderson, el ministro presbiteriano que mencioné antes, llevó a cabo la "reestructuración" de los rituales de la masonería en Inglaterra:

> La creencia en el Gran Arquitecto del Universo y su voluntad revelada será un requisito esencial para ser miembro.

La masonería afirma que nunca invita o solicita a los hombres que se unan. En el folleto *Información para la orientación de los miembros*, que recibe cada nuevo masón, se indica (página 22):

La cuestión de la solicitud inapropiada de candidatos se ha planteado en muchas ocasiones y el Consejo cree que sería útil una declaración sobre este asunto. No hay nada que objetar (el énfasis es mío) a un planteamiento neutro de un hombre que se considera un candidato adecuado para la masonería. No hay inconveniente en que se le llame de nuevo, una vez realizado el planteamiento (el subrayado es nuestro).

Así, los masones no sólo solicitan nuevos miembros, sino que, una vez que se les ha contactado, se les "llama". El folleto continúa:

A continuación, se debe dejar que el candidato potencial tome su propia decisión sin necesidad de más solicitudes.

Este consejo sobre la solicitud de nuevos miembros fue adoptado originalmente por el Consejo de Propósitos Generales el 9 de diciembre de 1981. Así, cuando un candidato a la iniciación firma que se ha unido por su propia voluntad, esto no siempre es cierto. Una vez iniciado, es posible que un masón diligente ascienda de Aprendiz al tercer grado de "Maestro Masón".

Estos hombres son cuidadosamente vigilados como posibles candidatos a los secretos superiores, donde se encuentra la verdadera verdad sobre la masonería. Pero la gran mayoría de los masones nunca son "elevados" más allá del tercer o cuarto grado. Los tres primeros grados representan ciertamente el grueso de los miembros de la masonería. Los llamados grados superiores son también conocidos como los "grados extra", desde el Maestro Secreto hasta el Gran Inspector General, y en Inglaterra son controlados por su propio Consejo Supremo que reside en Duke Street, St James London. (Esta es una de las muchas casas de "Gracia y Favor" que posee la Reina de Inglaterra).

La iniciación en estos grados está abierta a los Maestros Masones seleccionados por el Consejo Supremo. Estos Maestros Masones suelen ser "descubiertos" en una etapa temprana por el Maestro Secreto que asiste a varias reuniones de la Logia "de incógnito" para este propósito. Sólo un número insignificante de masones que dan el paso más allá del tercer grado consiguen alcanzar el grado intermedio 18, Caballero del Pelícano y del Águila, y Soberano Príncipe Rosa de la Herencia. A medida que estos pocos avanzan, el número de abandonos aumenta.

El grado 31 (Gran Inspector Comandante Inquisidor) está limitado a 400 miembros. A este nivel, el verdadero carácter de la masonería queda expuesto en dos terceras partes. El grado 32 de Sublime Príncipe del Real Secreto sólo tiene 180 miembros y el grado 33 de Gran Inspector General, que es preeminente, está limitado a 75 miembros. Estas cifras sólo se aplican a Gran Bretaña, por supuesto. Cuando un francmasón alcanza el grado 33, está preparado para realizar cualquier tarea que se le ordene.

Las guerras y las revoluciones son sólo una parte del juego. Guerra contra Dios" y "guerra contra el cristianismo" son dos de los gritos favoritos de los 33 masones cuando se reúnen en secreto. Los 4 a 14 grados se confieren de una vez y sólo de nombre en un ritual especial celebrado a tal efecto.

El grado 18, el 19 y el 29 se dan durante el sitio de iniciación del grado 30 . Esto es para obligar a los candidatos seleccionados a seguir "progresando". El grado 30 es el de Gran Caballero Electo Kadosh o Caballero del Águila

Negra y Blanca.

Los tres títulos a partir del 31 se otorgan individualmente. La masonería debe asegurarse de que el candidato esté preparado para pasar a una escala hasta ahora desconocida para él.

CAPÍTULO 22

MASONERÍA INOFENSIVA

L o masón no puede pasar del grado 18 sin el consentimiento unánime del Consejo Supremo. Los grados primero, segundo y tercero pueden llamarse "masonería inofensiva", ya que los excesos, tanto físicos como espirituales, las conspiraciones contra los gobiernos, el odio a Cristo y al cristianismo nunca se revelan a los masones por debajo del grado 25. No es de extrañar que los masones de tercer grado y el público en general consideren este órgano más secreto de nuestra sociedad como una mera sociedad filantrópica dedicada al bien de toda la humanidad.

La mayoría de los miembros de la masonería no se molestan en averiguar lo que ocurre en los llamados "grados superiores" del Rito Antiguo y Aceptado. Si lo hacen o son capaces de hacerlo, es posible que retrocedan horrorizados, especialmente los cristianos, y renuncien a su pertenencia a la masonería. Dos ejemplos de hombres que descubrieron la verdad sobre la masonería y la abandonaron, y sus angustiosas reacciones a lo que habían estado involucrados, se encuentran en las cartas que escribieron a sus respectivas iglesias después de exiliarse de la masonería. Naturalmente, sus identidades no pueden ser reveladas por temor a represalias:

Durante mucho tiempo, como cristiano, siempre defendí con ahínco la masonería, pensando que podía conciliar sus filosofías y preceptos, supuestamente basados en la enseñanza de la moral y la caridad, con el cristianismo. Pero después de haber sido elevado a los más altos grados, vi cuán ciego había estado, y cuán efectivamente el enemigo usa sus armas de sutileza y racionalidad en el proceso de cegamiento. Fue en los grados superiores donde descubrí los verdaderos males y horrores de la masonería.

El espíritu de Dios abrió mis ojos espirituales y me permitió ver lo que estaba haciendo. Estaba esclavizado por el mal y no me daba cuenta. Lo más difícil del mundo era no sentirse "profundamente perturbado por imágenes sexuales obscenas" en su sueño y durante sus momentos de oración. Su subconsciente estaba profundamente impregnado de sentimientos de sed de sangre y asesinato de mi familia y seres queridos.

El hombre era una persona estable, madura y equilibrada, sin antecedentes de trastornos mentales ni aberraciones sexuales de ningún tipo (dictamen médico de expertos). Al sentirse amenazado, se sometió a una terapia durante la cual se puso de manifiesto que las imágenes sexuales, la sangre y los cuchillos estaban estrechamente vinculados a los símbolos de la masonería, y que la sangre y el cuchillo con los que se sentía tentado a matar a los miembros de su familia estaban relacionados con los juramentos de la masonería. Tras un tratamiento intensivo y la imposición de manos por parte de sacerdotes anglicanos cualificados y exhortaciones en el nombre de Jesús, las imágenes perturbadoras desaparecieron en cuanto dejó la masonería, y estas imágenes y sentimientos no han vuelto a aparecer.

Los juramentos de la masonería se ocultan muy cuidadosamente a los "extraños". En los últimos años, la masonería se ha cuidado aún más de mantener bien ocultas sus penas mortales por violar los juramentos. En el primer grado, se aplican las siguientes reglas: Obligación. Se omite el castigo físico. En otras palabras, hoy en día no hay sanciones escritas para el castigo físico. Ahora se confían para su ejecución a los Grados Superiores desde (18 Grado). Pero he descubierto al menos una parte de la amenaza escrita para el "castigo físico" que se describe de la siguiente manera:

> Hermano mío, por tu comportamiento amable y cándido de esta noche has escapado simbólicamente de dos grandes peligros, pero había un tercero, que tradicionalmente te habría esperado hasta el último período de tu existencia. Los peligros de los que te has librado son los de la S y los de la S. También estaba ese ct con una N corriendo alrededor de tu N que habría hecho fatal cualquier intento de retirada.

Hay pocas dudas de que las palabras "con una N corrida" significan muerte en la horca, como Roberto Calvi descubrió demasiado tarde. Las frases siempre se describen de esta manera. En otra impresión encontré lo siguiente:

> A la pena simbólica que en su día se incluyó en la obligación (ahora bien escondida) en este Grado, si hubiera divulgado indebidamente los secretos que se le habían confiado, lo que implicaba que como hombre de honor, un FCFM hubiera preferido tener el Iblo, el thtt y el gttrbs de ta o d bts o tap.

(Nadie más que el masón del grado 33 conoce el significado de estos símbolos). Uno sólo puede imaginar los castigos descritos en estas cartas. Uno de los castigos más aterradores que encontré por romper los juramentos masónicos fue este:

Juro solemnemente observar todos estos puntos, sin retractación, equívoco o reserva mental de ningún tipo, bajo una pena no menos severa, en caso de violación de cualquiera de ellos, que seas cortado en dos, que tus entrañas sean reducidas a cenizas, y que estas cenizas sean esparcidas sobre la faz de la tierra, y llevadas por los cuatro vientos cardinales del cielo, para que no se encuentre ningún rastro o recuerdo de tan vil ser entre los hombres, especialmente entre los Maestros Masones.

Cuando se eleva e instala a un venerable maestro, se le advierte del castigo que seguramente seguirá si rompe sus juramentos y votos:

Que te corten la mano derecha y te la pongan en el hombro izquierdo para que se marchite y decaiga.

En la ceremonia de exaltación en el Arco Real de la Masonería, se advierte claramente al iniciado que la pena que conlleva la obligación es "sufrir la pérdida de la vida al serle arrancada la cabeza". Hoy en día, no aparecen declaraciones tan directas. En cambio, los castigos están vinculados a símbolos y letras. Esto sólo ha ocurrido desde 1979, cuando el Gran Maestre declaró que ya no era "apropiado" expresar los castigos en su forma actual. La cuestión es que los castigos no han cambiado. Lo que ha cambiado es que ahora están ocultos para los forasteros.

Se han escrito miles de libros, tanto a favor como en contra, para intentar responder a esta pregunta. Como estudioso serio de la masonería, con treinta años de extensa investigación en mi haber, mi respuesta es que la masonería puede describirse en los siguientes términos:

❖　　　　Se trata, sin duda, de una sociedad secreta cerrada

que, por razones desconocidas, se permite operar en una sociedad libre y abierta como la democracia cristiana occidental.

❖　　　La masonería es claramente una religión basada en cultos antiguos y en la adoración satánica. Es anticristo y anticristiano y desde hace tiempo se dedica a la erradicación de la fe cristiana, aunque este objetivo se oculta cuidadosamente a la mayoría de sus miembros, especialmente a los de los tres primeros grados.

❖　　　Es revolucionaria en su carácter y objetivos. Es bien sabido que la masonería fue responsable de al menos las etapas de planificación de la Revolución Francesa.

❖　　　La masonería representa el derrocamiento del orden de cosas existente, y de todas las religiones excepto una.

❖　　　La masonería exige una obediencia absoluta a sus juramentos.

❖　　　Las penas por romper el juramento de secreto o "traicionar" los secretos masónicos son severas y pueden incluir la muerte en la horca en casos extremos. A menudo se imponen otros castigos físicos menos severos a quienes incumplen el juramento.

❖　　　La masonería, aunque dice obedecer las leyes del país en el que opera, trabaja silenciosamente para cambiar las leyes que considera indeseables.

❖　　　Los masones se encuentran en los más altos puestos de poder en los gobiernos de todos los países, así como en el sector privado, los negocios y el comercio. Como tal, la masonería es una fuerza incontrolada que ejerce un inmenso poder que puede, y ha, cambiado el curso de la historia.

❖　　　La masonería es una sociedad moral, ética y filantrópica sólo hasta el tercer grado. La gran mayoría de los masones nunca pasan del tercer grado y, por tanto, desconocen la verdadera naturaleza, los fines y los objetivos de la masonería.

❖ La masonería es un gobierno que opera dentro de un gobierno oficialmente elegido, en detrimento de este último.

❖ El aspecto caritativo de la masonería es una máscara y no tiene credibilidad, rozando el engaño. Es una máscara y una cobertura para los verdaderos objetivos de la masonería.

❖ La masonería ha hecho un inmenso daño a la causa del cristianismo y es responsable de la pérdida de millones de vidas en guerras y revoluciones desde que estalló la Revolución Francesa en Francia.

❖ La prueba final es si es compatible con el cristianismo.

❖ ¿Los cristianos también pueden ser masones?

A ambas preguntas, la respuesta es un no rotundo. He recibido afirmaciones de que Washington DC tiene muchas estructuras masónicas construidas como edificios públicos o gubernamentales, y que su plano tiene forma de pentagrama. Es difícil probar o refutar algunas de estas afirmaciones, pero un edificio que parece encajar con la afirmación masónica es el Pentágono. El pentágono es un símbolo oculto. El edificio fue diseñado por John Whiteside Parsons, un satanista declarado. El arquitecto fue George Bergstrom, pero no se sabe si tenía alguna relación con la masonería.

Es posible que los verdaderos secretos de la masonería nunca sean revelados a la humanidad y, por lo tanto, es muy difícil que un autor escape a la crítica cuando examina un tema tan complejo como la masonería. Pero eso no significa que no haya que intentarlo.

Si alguna de mis afirmaciones es errónea, pido disculpas,

ya que no están escritas con un espíritu de molestia ciega, y espero que masones más cualificados que yo las señalen, para que puedan ser corregidas.

Ya publicado

OMNIA VERITAS LTD PRESENTA:

LA DIPLOMACIA DEL ENGAÑO
UN RELATO DE LA TRAICIÓN DE LOS
GOBIERNOS DE INGLATERRA Y LOS ESTADOS UNIDOS

POR
JOHN COLEMAN

La historia de la creación de las Naciones Unidas es un caso clásico de diplomacia del engaño

OMNIA VERITAS LTD PRESENTA:

LA JERARQUÍA DE LOS CONSPIRADORES
HISTORIA DEL COMITÉ DE LOS 300

por John Coleman

Esta conspiración abierta contra Dios y el hombre incluye la esclavización de la mayoría de los humanos...

OMNIA VERITAS LTD PRESENTA:

LA DINASTÍA ROTHSCHILD

por John Coleman

Los acontecimientos históricos suelen ser causados por una "mano oculta"...

OMNIA VERITAS OMNIA VERITAS LTD PRESENTA:

JOHN COLEMAN

EL INSTITUTO TAVISTOCK
de RELACIONES HUMANAS

**EL INSTITUTO TAVISTOCK
de RELACIONES HUMANAS**

La formación de la decadencia moral,
espiritual, cultural, política y económica
de los Estados Unidos de América

*Sin Tavistock no habrían
existido la Primera y la
Segunda Guerra Mundial*

por John Coleman

Los secretos del Tavistock Institute for Human Relations

OMNIA VERITAS LÉON DEGRELLE

OMNIA VERITAS LTD PRESENTA:

LÉON DEGRELLE

ALMAS ARDIENDO

Notas de paz, de guerra y de exilio

ALMAS ARDIENDO
Notas de paz, de guerra y de exilio

*El honor ha perdido su sentido, el
honor del juramento, el honor de
servir, el honor de morir...*

Se asfixian las almas. El denso aire está cargado de todas las abdicaciones del espíritu

OMNIA VERITAS JÜRI LINA

OMNIA VERITAS LTD PRESENTA:

ARQUITECTOS DEL ENGAÑO
LA HISTORIA SECRETA DE LA MASONERÍA

ARQUITECTOS DEL ENGAÑO

*Una visión de la red oculta detrás de los acontecimientos
pasados y presentes que revela las verdaderas razones de
varias guerras y revoluciones importantes.*

Este sistema político ha sido construido por fuerzas que actúan entre bastidores

Omnia Veritas Ltd presenta:

KEVIN MACDONALD

LA CULTURA DE LA CRÍTICA

LOS JUDÍOS Y LA CRÍTICA RADICAL
DE LA CULTURA GENTIL

Sus análisis revelan la influencia cultural preponderante de los judíos y su deseo de socavar las naciones en las que viven, para dominar mejor la sociedad diversa que propugnan sin dejar de ser ellos mismos un grupo etnocéntrico y homogéneo, hostil a los intereses de los pueblos blancos.

Un análisis evolutivo de la participación judía en los movimientos políticos e intelectuales del siglo XX

Omnia Veritas Ltd presenta:

Historia de los Bancos Centrales

y la esclavitud de la humanidad

de

STEPHEN MITFORD GOODSON

El director de un banco central revela los secretos del poder monetario

Una obra clave para comprender el pasado, el presente y el futuro

OMNIA VERITAS LTD PRESENTA:

IMPERIUM

LA FILOSOFÍA
DE LA HISTORIA
Y DE LA POLÍTICA

POR

FRANCIS PARKER YOCKEY

La palabra Europa cambia su significado: de ahora significará la Civilización Occidental; la unidad orgánica que creó, como fases de su vida las naciones-ideas de España, Italia, Francia, Inglaterra y Alemania.

Este libro es diferente de todos los demás

OMNIA VERITAS

Omnia Veritas Ltd presenta:

Vladimir Putin y Eurasia

El advenimiento providencial del "hombre predestinado", el "concepto absoluto" Vladimir Putin, encarnando la "Nueva Rusia"

por Jean Parvulesco

Un libro singularmente peligroso, que no debe ponerse en todas las manos...

OMNIA VERITAS

Omnia Veritas Ltd presenta:

EUSTACE MULLINS

EL ORDEN MUNDIAL

NUESTROS GOBERNANTES SECRETOS

Un estudio sobre la hegemonía del parasitismo

LA AGENDA DEL ORDEN MUNDIAL: DIVIDE Y VENCERÁS

OMNIA VERITAS

EUSTACE MULLINS

LA MALDICIÓN DE CANAÁN

Una demonología de la historia

EUSTACE MULLINS

LA MALDICIÓN DE CANAÁN

Una demonología de la historia

El gran movimiento de la historia moderna ha sido ocultar la presencia del mal en la tierra

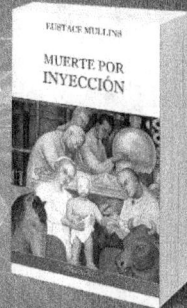

OMNIA VERITAS Omnia Veritas Ltd presenta:

LOS SECRETOS DE LA RESERVA FEDERAL
LA CONEXIÓN LONDRES

La historia americana del vigésimo siglo ha grabado los logros asombrosos de los banqueros de la Reserva Federal

POR

EUSTACE MULLINS

LOS SECRETOS DE LA RESERVA FEDERAL, LA CONEXIÓN LONDRES

AQUÍ ESTÁN LOS HECHOS SIMPLES DE LA GRAN TRAICIÓN

OMNIA VERITAS Omnia Veritas Ltd presenta:

EUSTACE MULLINS

MUERTE POR INYECCIÓN

MUERTE POR INYECCIÓN

SE REVELA LA RED SECRETA DEL CÁRTEL MÉDICO

OMNIA VERITAS OMNIA VERITAS LTD PRESENTA:

NUEVA HISTORIA DE LOS JUDÍOS
por
EUSTACE MULLINS

A lo largo de la historia de la civilización, un problema específico ha permanecido constante para la humanidad...

NUEVA HISTORIA DE LOS JUDÍOS

Un pueblo irritó a las naciones que lo habían acogido en todas las partes del mundo civilizado

OMNIA VERITAS Omnia Veritas Ltd presenta:

HISTORIA PROSCRITA
I
LOS BANQUEROS Y LAS REVOLUCIONES

POR

VICTORIA FORNER

Los procesos revolucionarios necesitan agentes, organización y, sobre todo, financiación, dinero.

LAS COSAS NO SON A VECES LO QUE APARENTAN...

OMNIA VERITAS Omnia Veritas Ltd presenta:

HISTORIA PROSCRITA
II
LA HISTORIA SILENCIADA DE ENTREGUERRAS

POR

VICTORIA FORNER

"El verdadero crimen es acabar una guerra con el fin de hacer inevitable la próxima."

EL TRATADO DE VERSALLES FUE "UN DICTADO DE ODIO Y DE LATROCINIO"

OMNIA VERITAS Omnia Veritas Ltd presenta:

HISTORIA PROSCRITA
III
LA II GUERRA MUNDIAL Y LA POSGUERRA

POR

VICTORIA FORNER

Distintas fuerzas trabajaban para la guerra en los países europeos

MUCHOS AGENTES SERVÍAN INTERESES DE UN PARTIDO BELICISTA TRANSNACIONAL

OMNIA VERITAS

Omnia Veritas Ltd presenta:

HISTORIA PROSCRITA
IV
HOLOCAUSTO JUDÍO,
NUEVO DOGMA DE FE
PARA LA HUMANIDAD
POR
VICTORIA FORNER

Nunca en la historia de la
humanidad se había producido
una circunstancia como la que
estudiaremos...

UN HECHO HISTÓRICO SE HA CONVERTIDO EN DOGMA DE FE

OMNIA VERITAS
www.omnia-veritas.com

INTEGRAL DE RENÉ GUÉNON 350€

OMNIA VERITAS

OMNIA VERITAS LTD PRESENTA:

JULIUS EVOLA
CABALGAR
EL TIGRE

«Lo que se va a leer afecta al hombre
que no pertenece interiormente a este
mundo, y se siente de una raza
diferente a la de la mayor parte de los
hombres.»

El lugar natural de un hombre así, es el mundo de la Tradición

«El racismo se empeña en individualizar al tipo humano predominante en una determinada comunidad nacional...»

OMNIA VERITAS LTD PRESENTA:

JULIUS EVOLA

SÍNTESIS DE LA DOCTRINA DE LA RAZA
Y
ORIENTACIONES PARA UNA EDUCACIÓN RACIAL

El muy neto sentido de las diferencias, de su dignidad y de su fuerza

«Lo que se llama corrientemente Derecha en las luchas políticas actuales se define por una oposición general a las formas más avanzadas de la subversión...»

OMNIA VERITAS LTD PRESENTA:

JULIUS EVOLA

EL FASCISMO VISTO DESDE LA DERECHA
Y NOTAS SOBRE EL TERCER REICH

Hoy no existe en Italia una Derecha digna de este nombre

«Las leyendas, los mitos, los cantos de gesta y las epopeyas del mundo tradicional...»

OMNIA VERITAS LTD PRESENTA:

JULIUS EVOLA
EL MISTERIO DEL GRIAL

Comprender lo esencial del conjunto de las leyendas caballerescas

OMNIAVERITAS

OMNIA VERITAS LTD PRESENTA:

JULIUS EVOLA

EL YOGA TANTRICO
UN CAMINO PARA LA REALIZACIÓN
DEL CUERPO Y EL ESPÍRITU

« Metafísicamente, la pareja divina corresponde a los dos aspectos esenciales de todo principio cósmico... »

Se trata de un interés orientado hacia los principios del mundo

OMNIAVERITAS

OMNIA VERITAS LTD PRESENTA:

JULIUS EVOLA

ENSAYOS SOBRE EL IDEALISMO MAGICO

« Que la civilización occidental atraviesa hoy en día un periodo de crisis, es algo que resulta evidente... »

Transmuta de la conciencia racional a la religiosa...

OMNIAVERITAS

OMNIA VERITAS LTD PRESENTA:

JULIUS EVOLA

ESCRITOS SOBRE EL JUDAÍSMO

«El antisemitismo es una temática que ha acompañado a casi todas las fases de la historia occidental...»

El problema judío tiene orígenes antiquísimos

OMNIA VERITAS
OMNIA VERITAS LTD PRESENTA:
JULIUS EVOLA
IMPERIALISMO PAGANO
«La primera condición del imperio es una síntesis inescindible de espiritualidad y de politicidad, es la presencia efectiva de una jerarquía de valores...»
JULIUS EVOLA
IMPERIALISMO PAGANO
La cualidad de un alma que es señora se distancia de la materia del cuerpo...

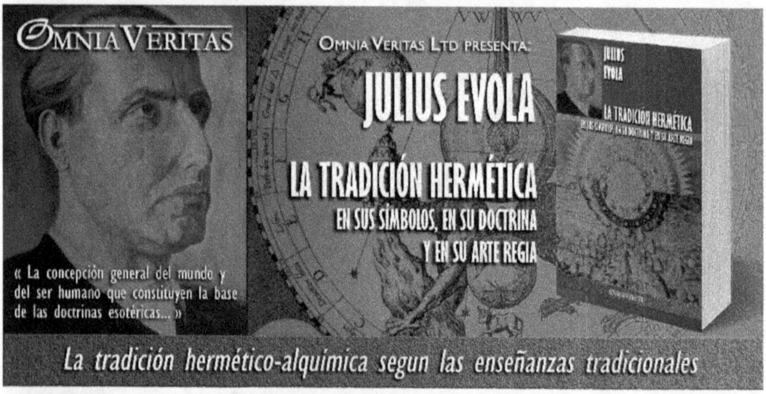
OMNIA VERITAS
OMNIA VERITAS LTD PRESENTA:
JULIUS EVOLA
LA TRADICIÓN HERMÉTICA
EN SUS SÍMBOLOS, EN SU DOCTRINA
Y EN SU ARTE REGIA
« La concepción general del mundo y del ser humano que constituyen la base de las doctrinas esotéricas... »
JULIUS EVOLA
LA TRADICIÓN HERMÉTICA
La tradición hermético-alquímica segun las enseñanzas tradicionales

OMNIA VERITAS®
www.omnia-veritas.com

www.ingramcontent.com/pod-product-compliance
Lightning Source LLC
Chambersburg PA
CBHW070919270326
41927CB00011B/2634